史记
历史的长城

李永炽 —— 编撰

九州出版社
JIUZHOUPRESS

图书在版编目（CIP）数据

史记：历史的长城 / 李永炽著. -- 北京 ：九州出
版社，2018.7

ISBN 978-7-5108-7430-7

Ⅰ. ①史… Ⅱ. ①李… Ⅲ. ①中国历史－古代史－纪
传体－通俗读物 Ⅳ. ①K204.2-49

中国版本图书馆CIP数据核字(2018)第181151号

史记：历史的长城

作　　者	李永炽
责任编辑	李黎明
出版发行	九州出版社
地　　址	北京市西城区阜外大街甲 35 号 (100037)
发行电话	(010)68992190/3/5/6
网　　址	www.jiuzhoupress.com
电子信箱	jiuzhou@jiuzhoupress.com
印　　刷	三河市兴博印务有限公司
开　　本	787 毫米 ×1092 毫米　32 开
印　　张	8.75
字　　数	170 千字
版　　次	2018 年 9 月第 1 版
印　　次	2018 年 9 月第 1 次印刷
书　　号	ISBN 978-7-5108-7430-7
定　　价	50.00 元

用经典滋养灵魂

龚鹏程

　　每个民族都有它自己的经典。经，指其所载之内容足以做为后世的纲维；典，谓其可为典范。因此它常被视为一切知识、价值观、世界观的依据或来源。早期只典守在神巫和大僚手上，后来则成为该民族累世传习、讽诵不辍的基本典籍。或称核心典籍，甚至是"圣书"。

　　佛经、圣经、古兰经等都是如此，中国也不例外。文化总体上的经典是六经：《诗》、《书》、《礼》、《乐》、《易》、《春秋》。依此而发展出来的各个学门或学派，另有其专业上的经典，如墨家有其《墨经》。老子后学也将其书视为经，战国时便开始有人替它作传、作解。兵家则有其《武经七书》。算家亦有《周髀算经》等所谓《算经十书》。流衍所及，竟至喝酒有《酒经》，饮茶有《茶经》，下棋有《弈经》，相鹤相马相牛亦皆有经。此类支流稗末，固然不能与六经相比肩，但它各自代表了在它那一个领域中的核心知识地位，却是很显然的。

我国历代教育和社会文化，就是以六经为基础来发展的。直到清末废科举、立学堂以后才产生剧变。但当时新设的学堂虽仿洋制，却仍保留了读经课程，以示根本未隳。辛亥革命后，蔡元培担任教育总长才开始废除读经。接着，他主持北京大学时出现的"新文化运动"更进一步发起对传统文化的攻击。趋势竟由废弃文言，提倡白话文学，一直走到深入的反传统中去。论调越来越激烈，行动越来越鲁莽。

台湾的教育、政治发展和社会文化意识，其实也一直以延续五四精神自居，以自由、民主、科学为号召。故其反传统气氛，及其体现于教育结构中者，与当时大陆不过程度略异而已，仅是社会中还遗存着若干传统社会的礼俗及观念罢了。后来，台湾朝野才惕然憬醒，开始提倡"文化复兴运动"，在学校课程中增加了经典的内容。但不叫读经，乃是摘选《四书》为《中国文化基本教材》，以为补充。另成立文化复兴委员会，开始做经典的白话注释，向社会推广。

文化复兴运动之功过，诚乎难言，此处也不必细说，总之是虽调整了西化的方向及反传统的势能，但对社会普遍民众的文化意识，还没能起到警醒的作用；了解传统、阅读经典，也还没成为风气或行动。

二十世纪七十年代后期，高信疆、柯元馨夫妇接掌了当时台湾第一大报中国时报的副刊与出版社编务，针对这个现象，遂策划了《中国历代经典宝库》这一大套书。精选影响国人最为深远的典籍，包括了六经及诸子、文艺各领域的经典，遍邀名家为之疏解，并附录原文以供参照，一时朝野震动，风气丕变。

其所以震动社会，原因一是典籍选得精切。不蔓不枝，能体现传统文化的基本匡廓。二是体例确实。经典篇幅广狭不一、深浅悬隔，如《资治通鉴》那么庞大，《尚书》那么深奥，它们跟小说戏曲是截然不同的。如何在一套书里，用类似的体例来处理，很可以看出编辑人的功力。三是作者群涵盖了几乎全台湾的学术菁英，群策群力，全面动员。这也是过去所没有的。四，编审严格。大部丛书，作者庞杂，集稿统稿就十分重要，否则便会出现良莠不齐之现象。这套书虽广征名家撰作，但在审定正讹、统一文字风格方面，确乎花了极大气力。再加上撰稿人都把这套书当成是写给自己子弟看的传家宝，写得特别矜慎，成绩当然非其他的书所能比。五，当时高信疆夫妇利用报社传播之便，将出版与报纸媒体做了最好、最彻底的结合，使得这套书成了家喻户晓、众所翘盼的文化甘霖，人人都想一沾法雨。六，当时出版采用豪华的小牛皮烫金装帧，精美大方，辅以雕花木柜。虽所费不赀，却是经济刚刚腾飞时一个中产家庭最好的文化陈设，书香家庭的想象，由此开始落实。许多家庭乃因买进这套书，而仿佛种下了诗礼传家的根。

高先生综理编务，辅佐实际的是周安托兄。两君都是诗人，且侠情肝胆照人。中华文化复起、国魂再振、民气再舒，则是他们的理想，因此编这套书，似乎就是一场织梦之旅，号称传承经典，实则意拟宏开未来。

我很幸运，也曾参与到这一场歌唱青春的行列中，去贡献微末。先是与林明峪共同参与黄庆萱老师改写《西游记》的工作，继而再协助安托统稿，推敲是非、斟酌文辞。对整套书说不上有什么助益，自己倒是收获良多。

书成之后，好评如潮，数十年来一再改版翻印，直到现在。经典常读常新，当时对经典的现代解读目前也仍未过时，依旧在散光发热，滋养民族新一代的灵魂。只不过光阴毕竟可畏，安托与信疆俱已逝去，来不及看到他们播下的种子继续发芽生长了。

当年参与这套书的人很多，我仅是其中一员小将。聊述战场，回思天宝，所见不过如此，其实说不清楚它的实况。但这个小侧写，或许有助于今日阅读这套书的大陆青年理解该书的价值与出版经纬，是为序。

史学与文学双美的历史巨著

李永炽

《史记》是两千多年前司马迁所写的一部历史巨构。全书包含的时代相当长，从传说的五帝时期到司马迁生活其间的汉武帝时代。司马迁不仅记述中国，还描写了中国四周的民族，如朝鲜、匈奴和西南夷等。当时的中国人相信，这些地区加上中国就构成了整个世界，所以司马迁所写的不单单是中国史，也是世界史。

《史记》不仅写出时代与边裔的历史，还描写政治、经济、天文、地理、音乐、卜卦、祭祀等人类生活的各种面貌，所以也是一部文化史与社会史的巨著。

司马迁执笔写《史记》之前，曾经旅行全国两次，考察史迹。第一次旅行时，他才二十岁左右，从长江绕到淮河流域，登上浙江的会稽山和湖南的九疑山等，探查古圣人的遗迹。然后经沅水、湘水，从汶水、泗水北上，进入现在的山东、河北两省，探访齐、鲁两国的首都；又在薛（山东滕州市东南）和彭城（江苏徐州）考察项羽和刘邦争霸的遗存。然后经梁、楚（横跨河南、江苏、安徽、湖北四省的地方）回汉朝的首都长安。

第二次是在司马迁任职郎中（宫中宿卫）之后。这次旅行走得更远，从四川、湖南直到西南夷居住的贵州、广西一带，而后经云南昆明回到首都。

第二次旅行回来，正逢父亲司马谈去世。司马谈要他把《春秋》以后四百年的历史写出来。三年后，司马迁继承父亲职位，担任太史令，掌管官家文书记录。由于这个职位，他可以自由披览宫廷中庋（guǐ）藏的各种记录和各类文献。

于是，司马迁秉承父亲遗命，利用这些资料，和自己两次旅行全国考察古迹的经验，开始执笔写这部历史巨著。史实和实地考察的结合，使这部历史著作栩栩如生，充满了活力。书中的人物不再是历史上的古人，就像是活在我们四周这些有生命的人。司马迁生动传神的文章，使《史记》读来倍觉亲切。

《史记》写到中途的时候，司马迁遭遇了人生中最大的屈辱。因为替寡不敌众、力战到底才投降匈奴的李陵（李广的孙子）辩护，他触怒了汉武帝，被处宫刑。这刑罚对男人来说是最大的侮辱。但是，司马迁受刑之后，仍然继续写完了《史记》。《史记》中对人生的批判、对人间不平不公的抗议、对命运无情的悲愤、对失败英雄深厚的同情，可能与他受此大辱有密切关系。

《史记》共一百三十卷，由"本纪"、"表"、"书"、"世家"和"列传"五部分构成而成。"表"类似今日的年表和系谱；"书"记述人类生活环境四周的自然与文化现象；"本纪"、"世家"和"列传"属于传记部分。"本纪"记述历代帝王;"世家"记述各地诸侯;"列传"是个人的传记。在这五部分中,"本纪"、"世家"和"列传"卷帙最多,所以《史记》可以说是由不同人物集体组合而成的史书,鲜明传神、深刻入微地描绘出推动历史巨轮的人物形象以及他们的思想与行动。因此,从纵的方面来说,《史记》是由人物集体组合而成的历史画页;同时也勾勒出上下数千年时代的变迁,实是一部杰出而富创造性的历史书。

从横的方面来说,《史记》中的出场人物都保有他们本来的个性,也有他们自己的执着与哀乐,几乎没有雷同的地方,读来有如看一部精致生动的小说,趣味盎然,所以《史记》也可以说是一部精美的文学作品。

因而不论在中国史学史还是在中国文学史上,《史记》都具有里程碑的重要地位。

可是,《史记》卷帙浩繁,又用古文撰写,读者必须具有相当的素养,否则不容易看懂。因此,这本用白话改写的《史记》择取了原著中最精彩的部分。为了保持司马迁将历史和文学结合的精神,这部改写本是以历史的发展为主题,从《史记》原著各篇中抽离出相关的事迹,重新组合成一篇篇完整的故事,以增加阅读的方便。每篇故事尽量保持原著的生动与趣味,希望经由这些故事,不仅能体现出原著的精神,同时也能展现中国古代历史巨流的变迁与特色。

目　　录

【导读】史学与文学双美的历史巨著 7

第一章　传说中的圣王 15

　　1. "天下为公"的政治 16

　　2. 治水 21

第二章　暴君与圣人 24

　　1. 周的始祖是弃儿 25

　　2. 暴虐无道的君主 27

　　3. 纣王之死 32

　　4. 反战者之歌 36

　　5. 周偃武兴治 38

　　6. 周公辅成王 41

第三章　吴越之战　45

1. 伍子胥离开楚国　46

2. 吴国王位之争　51

3. 伍子胥报仇雪恨　55

4. 吴越对立　57

5. 伍子胥之死　62

6. 吴国灭亡　66

7. 不能同享安乐之人　68

8. 知子莫若父　71

第四章　秦的兴亡　76

1. 秦始皇出生的秘密　77

2. 外国人亦可用　82

3. 荆轲刺秦王　85

4. 秦将的活跃　91

5. 一统天下　94

6. 伪诏立胡亥　102

7. 秦的灭亡　106

第五章　刘邦与项羽　111

1. 陈胜起兵　112

2. 项羽反秦　116

3. 刘邦造反 121

4. 项羽掌握领导权 129

5. 刘邦先入咸阳 133

6. 鸿门宴 140

第六章　垓下之围 **148**

1. 刘邦反击 149

2. 刘邦一败再败 154

3. 项羽疲于奔命 158

4. 垓下之围 163

第七章　称帝行赏与功臣叛离 **168**

1. 论功行赏 169

2. 韩信叛变 172

3. 彭越与英布的末路 177

第八章　掌握汉家天下的女人 **180**

1. 立嗣问题 180

2. 吕后报仇 184

3. 太后称制 186

4. 逆我者亡 188

5. 太后之死 190

第九章　新官僚与民众 ⋯⋯⋯⋯⋯⋯⋯⋯⋯⋯⋯**194**

　1. 硬骨头的汲黯 ⋯⋯⋯⋯⋯⋯⋯⋯⋯⋯⋯⋯⋯195

　2. 养猪人做宰相 ⋯⋯⋯⋯⋯⋯⋯⋯⋯⋯⋯⋯⋯200

　3. 冷酷无情的审判 ⋯⋯⋯⋯⋯⋯⋯⋯⋯⋯⋯⋯203

　4. 酷法下的民众 ⋯⋯⋯⋯⋯⋯⋯⋯⋯⋯⋯⋯⋯210

第十章　匈奴与汉武三将军 ⋯⋯⋯⋯⋯⋯⋯⋯⋯**215**

　1. 马邑之败 ⋯⋯⋯⋯⋯⋯⋯⋯⋯⋯⋯⋯⋯⋯⋯216

　2. 神箭李广 ⋯⋯⋯⋯⋯⋯⋯⋯⋯⋯⋯⋯⋯⋯⋯218

　3. 大将军卫青 ⋯⋯⋯⋯⋯⋯⋯⋯⋯⋯⋯⋯⋯⋯222

　4. 少年将军霍去病 ⋯⋯⋯⋯⋯⋯⋯⋯⋯⋯⋯⋯226

　5. 沙漠上的大决战 ⋯⋯⋯⋯⋯⋯⋯⋯⋯⋯⋯⋯229

附录 ⋯⋯⋯⋯⋯⋯⋯⋯⋯⋯⋯⋯⋯⋯⋯⋯⋯⋯**235**

　附录一：谈司马迁与《史记》 ⋯⋯⋯⋯⋯⋯⋯⋯236

　附录二：原典精选 ⋯⋯⋯⋯⋯⋯⋯⋯⋯⋯⋯⋯261

第一章　传说中的圣王

——《五帝本纪》、《夏本纪》

　　一般认为中国文明起源于黄河流域。黄河流域的地层属黄土层，没有茂密的森林，容易开垦，适于耕种，所以中国文明在黄河流域很快就发展起来。可是，黄河容易泛滥，一遇大雨，便浊流滚滚，冲失一切。因而治水工作自远古以来就为国人所重视。《史记·五帝本纪》中的尧、舜、禹一生都致力于治水。而且这三个帝王都有完美的人格，充分表现了"天下为公"的胸怀，成为后世景仰的对象。

　　据说，这三个人并不是实际存在的人物，而是后世中国人理想所寄的传说人物。这三位帝王被描写成怎么样的理想人物？也就是说，中国人理想中的政治人物是怎么样的？这从司马迁《史记》的描述可见一斑。

1."天下为公"的政治

太古时代，中国有一个帝王，名叫放勋，帝号叫尧。尧虽然在身份与财富上非他人所能及，但是他一点也不骄傲，生活简朴，衣着和坐骑都跟臣子没有两样。他为人仁慈，智虑深沉。人们都像向日葵倾心望日，草木百谷期待云雨甘霖一样，景仰他。

尧整顿政治，拔擢（zhuó）有能力的人才，分任各种职务；又制定正确的历法，教民耕种的时序，农业大为发展。可是，尧在政治上虽有所成，但人的寿命毕竟有限，为了寻找能够继续推行良好政治的继承人，尧召集百官问道："谁适合担任下一任的天子？你们说说看。"

"嗣子丹朱通达有为，为什么说出这种话呢？"

"丹朱？他任性，缺乏同情心，又喜欢争讼，虽是我的儿子，却不可用。"尧接着又问："想一想，谁可以继位呢？"

另一个臣子进言道："共工怎么样？他善于治水，为大家所尊敬。"

"共工？共工口蜜腹剑，看似恭谨，其实天不怕地不怕，不能体恤人，这种人怎么可用？"

当时，洪水泛滥，尧脸呈忧色问四岳道："现在洪水滔天，破坏田地，浸漫山林，人民苦不堪言，有没有人可以治理这场大水患呢？"

四岳是分别治理天下东西南北四方的首长，他们异口同声回道："鲧（gǔn）可以治理得了。"

"鲧嘛，常常违反我的命令，又贪得无厌，大概不能用他来治水吧？"

"总之，先试用看看，要是不行，再罢黜不迟。"

尧听从四岳的建议，起用鲧治水。鲧花了九年时间治水，洪水仍然漫天覆地，毫无成果。鲧显然不是治理国家的人才。尧又召集四岳说："唉，四岳啊，我已经在位七十年，你们都能老老实实遵守我的命令，体恤老百姓，坚守自己的岗位，替天下人做事，希望你们当中有人能继承帝位，统治天下。"

"哪里，我们无德无能，一旦治理天下，必无所成，有辱帝王。"

四岳都能体谅尧的真心，知道担任国家最高元首的职位，不是为了获得权势，而是能真正替天下人做事，使国家臻于至治。他们觉得自己不是这方面的人才，都推辞不就。

"那么，你们不要管身份地位的问题，即使是一般平民也没关系，只要认为是适当的人选，就推荐给我吧！"尧说。

"舜这个人可以。他身在民间，还没有娶妻生子。"四岳异口同声推荐。

"不错，我也听说了，他的为人到底如何？"

"他的父亲是个瞎子，为人顽固不懂事理；母亲唠叨，常无理取闹；弟弟任性不听管教。在这样的家庭里，他还能孝敬父母，友爱弟弟，使一家人和睦相处，不至于出岔子。"

"呵，真的？那我要试试他。"

舜是现在河北省一带的冀州人。他的祖先也曾是天子，但在舜出生以前就已沦落为平民。他的父亲盲瞽，母亲早逝。父亲再娶，继母生了一个儿子，名叫象。这个异母弟弟很任性。但是，父亲和继母疼爱弟弟，常找机会要杀掉舜。舜只要偶有小过失，就要受严厉处罚。可是，他仍然事亲至孝，友爱弟弟，而且不敢稍有松懈。父母即使想杀他，也找不到借口。

到了二十岁，舜的孝顺已经传播开来，远近皆知。三十岁时，尧问四岳可以继任的人选，四岳都推举舜。尧就把自己的两个女儿娥皇和女英嫁给他，想看看他处理家务的情形；又让九个儿子跟舜一起生活，想知道他怎样应付外在的人际关系。

舜住在妫（guī）水畔，生活越发谨慎。妻子见舜如此，不敢因为出身高贵而瞧不起舜的父母和弟弟，反而把他们当作自己的父母和弟弟一样，细心照料。尧的九个儿子为人越发忠厚，对舜也敬爱有加。

舜住在历山时，忙于农事；迁到雷泽，就专心打鱼；在黄河边就制作陶器。舜在历山耕种时，历山的人都彼此相让，不曾为田地发生纠纷；在雷泽打鱼，渔民都和睦相处，互相告知打鱼的好地方；在黄河边制陶，陶工都做出了毫无瑕疵的器皿。每住一处地方，那地方就有许多人涌来，一年后就成了一个村落；两年后成了市镇；三年后，成了都邑。

尧对舜的为人非常赞赏，送他衣服和琴，另外又加上了牛羊，还替他建仓库储存谷物。

可是，舜的家人仍旧想杀害他。舜得到谷仓后，他的父亲叫他上谷仓涂墙。舜一上去，他父亲立刻从下面纵火焚烧。舜在烟雾包围中，手撑雨笠跳下，才逃得一命。

舜的父亲还不死心，要舜去淘井。舜知道父亲不怀好意，事先在井里挖了一个洞。果然，舜进井不久，父亲和弟弟就用泥土把井填起来，舜从预先挖好的洞穴走到旁边的空井才逃出来。

父亲和弟弟以为舜必死无疑，都非常高兴。弟弟象说："这计谋是我出的。舜的妻子和琴归我所有，牛羊和谷仓就送给爸爸和妈妈。"

象跟父母分了舜的财产以后，走进舜的房间，弹琴为乐。舜从井里逃出，走回自己的房间。象看到他，吃了一惊，不好意思地说道："我正在想念你，心里郁郁不乐。"

"呵，真让你担心了。你真是一个友爱的好弟弟。"

舜仍然诚心诚意孝顺父母，更加疼爱弟弟。舜在和睦家庭这方面确实毫无瑕疵可言，尧非常赞赏，想进一步去试试他施政的才能。于是先让他担任司徒，掌管教育。他教民以五教（所谓五教是指父、母、兄、弟、子的家庭伦理关系），人民莫不乐于遵从。

接着他又命令舜去监督官吏，所有的官吏都兢兢业业，完成自己分内的工作。于是又让他去掌理接待四方诸侯的业务，舜也照样恪尽职守，四方诸侯人人称赞。最后，尧命令舜去祭祀各地的山神与河神，即使遇到狂风暴雨，舜也能毫不含糊地完成任务，祭神而归。

尧见舜能够顺利完成自己交代的任务，觉得舜实在是不可多得的政治人才，足以掌理天下大政，立刻把舜叫来："我已经观察你三年，你凡事都能先有计划，然后按部就班去做。所交代的事情，也都能顺利完成。你登帝位，治理天下，我可以放心了。你就代我登帝位吧？"

舜立刻谦让："我不是一个可以担当天下大任的人。"

但是，尧仍然热心劝说，并以自己年老为辞，要舜暂时代他掌理天下大政。舜不得已，只好答应代理尧统治天下。担任摄政之后，舜把治水失败的共工和推荐共工的大臣流放到异族居住的地方；也把治水无功的鲧放逐到东方的边境地区。在内政方面，舜设立各种机构，选任有能之士充任其职，又派遣官吏前往各地，听取民众的意见，努力提高人民的生活水平。于是，天下没有一个人不称颂舜的政治。

尧将政治委托给舜，过了二十八年便去世了。全国人民好像失去了父母一样，悲哀逾恒。为了哀悼、思念尧，三年之间，全国听不到一声乐音。

尧认为治理天下主要目的乃在于为民谋福利。要替人民谋福利，必须选择有才能的人来担当其任。如果选用非人，那是自己的罪过。而选用的人是否得宜，就应当听听人民的意见。他考验舜，便是为了这个目的。可是，没有一个人不疼爱自己子女的，尧也不例外。将天下大权授给舜的时候，尧也有过内心挣扎，他想道："自己的儿子丹朱没有政治才能，如果政权传给他，只有他一个人获利，全国的人都要受苦；如果把政权授给舜，全国的人都可获利，充其量只有丹朱一个人不高兴。总不能让全国的人受苦，仅让丹朱一个人蒙受其利吧！为全国人民利益着想，理当让舜来治理国家！"

三年之丧结束后，舜让尧的儿子丹朱即帝位，自己避居于黄河南边。可是，诸侯都不到丹朱那里去朝见，却去朝见舜。人民有诉讼，也都到舜那儿请求裁决，而不理丹朱。赞扬舜的歌曲无数，却没有一首赞扬丹朱。

"唉，这大概是天意吧！"

舜只好返回帝都，即帝位。

2.治水

舜即帝位后，召集四岳问道："尧有意要恢复这个受洪水蹂躏的国家，想不到目的还没达到，就去世了。我也想完成尧未竟之业，你们认为谁最适合担任这个工作。"

"禹这个人如何？想必可以完成尧未竟之业。"

"嗯，不错，他一定能完成这件工作。"舜说完话，立刻把禹叫来，命令道："禹啊，我任命你为司空（行政首长）。希望你能以民为重，尽力治理洪水，使国家恢复旧观。"

禹听了立刻稽首再拜，道："这么重大的工程实在不是我能力做得来的。还有比我更适当的人选吧！"

"别多说啦，你就挑起这副重担吧。"

禹的父亲就是以前受命去治洪水，九年无功，被舜帝流放、处死的鲧。禹脑筋明敏，做事认真，言行中规中矩，好像用尺秤衡量过一样。而且他为人仁慈，言出必行，人们都非常信任他。

父亲因为治水不力，才被杀害，禹虽为此深感悲伤，但是继承父业之后，他更丝毫不敢懈怠，全力以赴。在外治水十三年，经过家门也不敢进去休息；虽然知道第一个儿子已经出生，他也不敢放松回家探望，孩子都要不认得他了。

在治水期间，他粗衣粗食，住简陋的房子，以节省开支，好把节省下来的费用用来祭祀和建筑排水沟。

在工程方面，行走陆地时用车，遇水就乘船，碰到泥泞地便使用橇形的木板，上山就穿有钉子的鞋，就这样巡行全国，开山辟路，造渠引水，使全国成为可居之地。

禹同时还给人民稻种，教他们在低湿的地方播种；还教人民猎取野兽的方法。如果一个地方食物不够，就把别的地方多余的粮食调运过来，使全国的粮食得以平均分配，不虑匮乏。

他又巡行全国，调查土地，以征收适当的赋税；他还进一步调查全国山川的状况。

在禹的努力之下，大水都退了，边远地区可以居住了；河流畅达，没有阻塞；湖泽建起堤岸，不致外溢；山上的树林已砍掉，修筑了道路，人们从各地都可以前往都城。农业发展，生产力提高，田地也依肥瘠分成等级，按等级征税。

舜帝对禹的成就大为称赞，送他蓝色的玉，奖励他治水的成功，并借此把禹的功劳告知天下。

在禹的辅佐下，舜的政治清明和谐，因而当时有人作歌道：

元首明哉（君王英明啊！）

股肱良哉（大臣都好啊！）

庶事康哉（万事吉祥啊！）

又有歌劝诫道：

元首丛脞（cuǒ）哉（君王无能啊！）

股肱惰哉（大臣懒惰啊！）

万事堕哉（万事糟糕哪！）

之后，舜推举禹做帝位的继承人。十七年后，舜帝去世。三年之丧结束后，禹跟舜避让尧子丹朱一样，也避让舜子商均，住到远离都城的地方去。可是，诸侯都去朝见禹，不肯去朝见商均，禹只好顺从众意，即帝位，建国号夏。

禹即位后，过了十年，死在东巡途中。

第二章　暴君与圣人

——《殷本纪》、《周本纪》、《宋微子世家》、《齐太公世家》、《伯夷列传》、《鲁周公世家》

禹建立夏朝后，子孙相继为王，经过四百年，传至夏桀即位为王。桀为人残暴，杀害许多无辜，又喜欢妹喜。为讨好妹喜，他生活糜烂奢侈，以致国力逐渐衰落，人心不满。这时候，出现了一个众望所归的人，名叫汤。汤推翻不得人心的夏桀，建立了商朝。

可是，商（殷）朝过了六百年，出了一个纣王。纣王比桀更残暴，使殷商走入了末路。推翻殷商，建立新朝的是周武王。

像桀和纣这种只为自己权势和欲望着想，毫不考虑国民需要的国王，在中国历史上一直都被称为暴君，甚至还把他们当作暴君的代表。这跟前一章以国民的利益和需要为施政标准的尧舜，正好形成明显的对比。

儒家一直都以周初的政治来象征中国的理想政治。这一章就根据《史记》来看看儒家理想中的周朝如何兴起，而暴君又如何把国家导向灭亡之途。

1. 周的始祖是弃儿

周的始祖是后稷，本名叫弃。后稷的本名为什么叫弃呢？有这样一段故事。弃的母亲出身名门，一天，他母亲走到野外，看见巨人的足迹，心里禁不住想踩上去。一踩上去，不知为什么，肚子里好像有东西在动。过了十二个月，果然生下一个孩子。她觉得这孩子是个不祥之物，把他丢在陋巷里。可是，奇怪得很，牛马从巷子经过的时候，都避开孩子，不敢践踏；把他丢在山林中，刚好山林里有许多人，她只好把他带走，抛在结了冰的小河上，飞鸟却飞下来，用翅膀覆盖着孩子。母亲觉得奇怪，就把孩子带回家抚养。因为刚出生时，有意把他抛弃，便给这孩子起了一个名字，叫作弃。

弃果然与众不同，孩提时，就有巨人之志，所玩的游戏也跟其他孩童不一样，喜欢种麻和菽（shū），麻菽也都长得很好。长大成人后，仍然喜欢农耕方面的事情，懂得什么样的地方适合种什么样的作物，人们也跟着他学习耕种的方法。弃的名声便一天比一天响亮，终于传到都城。于是，求才若渴的舜帝起用弃，负责农事，指导老百姓耕种。全国生产力因而大为提高，农业的收获量也增加不少。因此功劳，舜帝便把西方的部（今陕西武功县西南）封给弃。因弃掌管农业方面的业务，所以把名字也改为后稷。

后稷有了周国之后，传到十二代，就是古公亶（dǎn）父。古公有两个儿子太伯和虞仲，后来又生了第三个儿子季历。季历娶妻生下昌。昌诞生时，红麻雀嘴衔一片写着红字的树叶飞来，停在昌出生时的房门上。叶上写着治国的要诀，显示昌有治国之能，也预示了周国光明的前途。古公非常高兴地说道："到昌这一代，我国会越来越兴旺吧！"

太伯和虞仲知道父亲有意要把王位传给昌，便商量说："父亲有意要昌继王位。要昌继王位，就必须先把王位传给三弟。我留居国内，反而会使父亲为难。"

太伯和虞仲这么一想，就悄悄离开故乡，逃到南方的蛮荒地带，学该地的风俗，剪掉头发，像蛮夷的人一样，在身上刺图案。这样王位就可以顺理成章传给季历了。

古公去世后，果然像太伯、虞仲所期望的那样，由季历继承王位，称名公季。公季继承父亲遗志，继续推行公正政治，诸侯都倾心向周。

过不久，公季去世，儿子昌继位，是为西伯。西伯模仿始祖后稷、祖父古公、父亲公季的施政方法，尽力推行良政，敬老慈幼，礼贤下士，常常为了招待贤士，无法好好吃一顿饭。但是也因为如此，西伯的名声远播，贤能之士纷纷聚集到西伯那里。当时，孤竹国（今辽西一带）的王子伯夷、叔齐两兄弟，听说西伯善待老人，也千里迢迢投奔到周国来。西伯四周贤能之士越聚越多。反观当时统治中国的商朝，情形就大不相同了。

2. 暴虐无道的君主

这时候，统治中国的是商朝的纣王。纣王天生能言善道，脑筋动得快，而且力大无穷，能空手斗猛兽。纣王有这些天分，但他不能善用，反以此来傲人。他自觉聪明才智比别人好，臣子不管提多好的意见，都不肯听；因为口才很好，对自己的任何错失，他都能用语言加以搪塞粉饰。有权又有才，使他蔑视天下所有人，认为没有人能超过自己，只有自己最可靠。

除了上述"自以为是"的性格之外，纣王还酷爱酒和女人，尤其迷恋当时最美丽的妲（dá）己。妲己说什么，他都听从。依妲己之意，他叫人制作淫靡不庄重的乐曲，令人演奏。

他还征收重税修建鹿台存放宝物，仓库也装满各地征集来的粮食。王宫中养了许多稀奇的狗和马以及世上其他的珍奇物品。他还扩大离宫别馆，从全国各地收集珍禽异兽放置其中，率领许多臣子和美女在这里游乐。离宫别馆的池子放满了酒，附近的树上挂满了肉，他让男女裸着身子，在肉林里互相追逐。这种豪奢的宴会接连不断，而且一举行，非到天亮不止。

纣王的横暴不只如此。当时纣王之下，国家最重要的职位是三公，由西伯、九侯和鄂侯担任。九侯有一个美丽的女儿，给纣做妃子。但是九侯的女儿不喜欢淫靡的生活，不肯听纣王的话，纣王大怒，把她杀了，还罪及九侯，把九侯杀了腌起来。鄂侯为这件事与纣王力争，纣王非常不高兴，也把鄂侯杀了做肉干。西伯听到后暗自叹息，嫉妒西伯的人就把西伯叹息的事告诉纣王，并且说道："西伯故意行善积德，收买人心，现在诸侯都心向西伯，恐怕会有对您不利的事发生。"

纣王听了就把西伯关在羑（yǒu）里。

纣王生活奢侈，滥杀大臣，老百姓自然因赋税沉重而有怨言，诸侯也有叛离的。纣王不仅没有因老百姓怨怼（duì）、诸侯叛离而自我反省、自我检点，反而深深刺伤了他自以为是的自尊心，因此就加重刑罚，发明了残酷的"炮烙（páo luò）之法"。所谓"炮烙之法"，就是涂油在铜柱上，然后把铜柱放在炭火上，让有罪的人从铜柱上走过去。如果能够平安走过铜柱，就可赦免，但是大部分的人走到中途，脚下一滑，就掉到炭火里烧死了。纣王常跟妲己一起喝酒，观看这种恶作剧的刑罚。犯人从铜柱上掉进炭火里，妲己看了还发笑呢！

纣王实在太胡作乱为，他的血肉至亲也看不过去，异母兄微子屡次劝告他，他都不肯听。待西伯推行良好政治，势力日渐庞大，诸侯也归心向周，纣王的臣子看到这种情形，对纣王说："如果国王暴虐，老百姓不能安居乐业，国家就要灭亡啊。"

"我天生就受天命做国王，周怎能奈何得了我。"纣王根本不听人劝告。

微子见此情形，知道纣王不会再听人劝告，想极谏而死，又想逃亡离去，却始终下不了决心，便问叔叔箕子和比干："我国现在已经丧失威信，无法统治诸侯了。先祖汤千辛万苦建立起来的基业，因大王沉湎酒色，不施良政，已经快被败坏。做官在位的人彼此互相争夺，犯法为恶，恬不知耻；一般老百姓也都模仿官吏的作为，互相仇视。殷朝已经毫无法令制度，想渡河，却没有船可乘，眼看着就要灭亡了。我想离开国都，逃到别的地方去，以维系我家的血统，但我拿不定主意，不知该怎么办才好。"

箕子回答说："上天已经降灾祸给我们国家，要亡殷国了。大王不怕天，不以天命为重，又不肯听贤人的意见，实施良好的政治。老百姓嘛，人人争强好胜，不好好祭祀神祇（qí）。如果国家能治得好，纵使为国舍命，也不懊悔。如果为国而死，国家还是治不好，倒不如逃亡避难算了。"

可是，微子仍然迟疑不决。

箕子也跟微子一样，对殷的前途非常担心。看到纣王开始使用象牙筷子，箕子就叹息说："他现在已经开始用象牙筷，接着就会用玉杯。用玉杯后，便想拥有远方珍奇怪异的东西。从此，轿舆、坐骑和宫殿会越来越堂皇华丽，国库将来会被这些东西耗尽，国家也将因此走向衰亡之途。"

纣王果如箕子所预想的那样，越来越奢侈，箕子屡次劝谏都不肯听。于是有人劝箕子说："可以离开国都了。"

箕子回道："做臣子的有义务向君王劝谏。劝谏不听就逃亡，适足以揭露君王的罪恶，而向老百姓示好，我不能这样做。"

箕子不忍弃纣王而逃，又哀伤国家将从此衰亡，内心彷徨没有着落，便披散着头发，伪装疯狂，堕身为奴，鼓琴悲鸣，可见他内心的痛苦。

比干见箕子劝谏纣王不听，堕身为奴，就感慨地说："君王有错失，不劝谏至死，怎能做老百姓的楷模！"

于是，比干毫不客气地直接指出了纣王的过失。纣王听了非常生气："你是圣人吗？听说圣人的心脏有七个窍，我要确定一下是不是如此？"

比干立刻被杀害，心脏也被挖出来。

微子见纣王这样对付至亲血肉，终于下定了决心。

"父亲和儿子是骨肉之亲，父亲有错失，儿子应该劝告三次，三次都不听，只好哭泣着听从父亲的意思。君主和臣子是用义结合起来的，君主有错，臣子劝谏三次，三次都不听，君臣的关系便算结束了，义也终止了，可以离开君主而去。"

说完话，微子便离开了都城。

另一方面，西伯被囚禁在羑里之后，周国的臣子都很担心，也知道纣王的癖好，立刻寻求漂亮的女人、红鬃毛有斑纹而眼如黄金的马，再加上三十六匹普通的马以及其他珍奇物品，献给纣王。纣王接到献礼后，非常高兴地说道："只要有这位漂亮的女人，就足以释放西伯了，何况还有这么多东西！"

纣王不仅释放了西伯，还送给他弓箭斧钺（yuè），让他掌握军事大权，可以任意征伐其他国家。同时还向西伯说："对不起，我听信了别人的谗言，才囚禁你。"

西伯一听，乘机献上土地，请求纣王废除炮烙之刑，纣王答应了他的请求，诸侯更倾心西伯，有什么疑难，都来请西伯解决。

当时，虞国和芮（ruì）国发生纠纷，一直不能解决，两国君主商量说："西伯为人仁慈，一定可以替我们解决问题，我们何不去问问他？"

这两个君主商量后，启程赴周。进入周国，看到农人互相谦让，不为土地发生争执；在习俗方面也都能敬老尊长。两国君主见此情景，都非常惭愧，说道："我们所争的，周人都引以为耻；我们何必去呢，不是自取其辱吗？"

两人未见西伯就回去，彼此谦让，纠纷也就解决了。这消息传开后，诸侯都说："西伯才真是承受天命的君主！"

西伯在诸侯间声望越来越高，他利用纣王赐给他任意征讨的权柄，逐渐扩展领土，消灭邻近国家。他还积极准备一切方案，以期推翻纣王。在这期间，在军事与谋略方面，贡献最大、扮演最重要角色的是太公望。

在西伯被囚羑里之前，一天，西伯正要出去狩猎，先卜卦观看今天的猎获情形，卦上说："今天出去狩猎，所得的不是龙，不是螭（chī，似龙无角的动物），不是虎，也不是罴（pí），是可以辅佐霸王的人才。"

西伯启程狩猎，到渭水边，果然碰到一个老人在钓鱼。两人交谈之下，西伯大喜说道："我的祖父太公曾经说，会有一个圣人到周来，使周迈上兴盛之途。这个人就是你吧？太公等你来已经等得很久了。"

说完话，西伯就替这个钓鱼老人取了一个号，叫作"太公望"，表示他是祖父太公期望已久的人物。其实这个钓鱼老人的本名叫作"吕尚"。西伯兴冲冲地请太公望坐上马车回去，立刻任命太公望为军师。

太公望果然不负太公的期待、西伯的赏识。他多智谋，善用兵。西伯自羑里平安回来后，与太公望筹谋推翻商朝，同时也积极扩张势力，不久周已拥有天下三分之二的土地。

可是，西伯还没有完成灭纣的使命就去世了，太子发继位。太子发就是周武王。西伯死后谥为文王。

3. 纣王之死

武王即位后，任命太公望为军师，弟弟周公旦为辅佐人，召公和毕公为左右司令，致力于完成文王未竟之业。

武王即位后第九年，到父亲的墓地去祭祀父亲，然后进军到盟（孟）津（河南中西部），借以观察支持自己的诸侯究竟有多少。军队前行时，总部用车载着文王的灵牌，武王自称太子发，表示自己这次行动是奉文王遗志去讨伐纣王，并不是自己专断独行。出发时，武王召集群臣命令道："各位，我虽然还幼小，但先父留给我许多贤能之士，要我完成他的遗业，所以这次行动全以功过来定赏罚，有功的赏，有过的必加处罚！"

军队出发时，太公望指挥众军，下令道："给你们船只，努力向前，落后的一概处斩！"

武王的军队横渡黄河，到河流中途时，有条白色的鱼跳入武王船上。武王捉起来祭献给神。渡过黄河，突然有一火球从空中落下来，快落到武王船顶上的时候，猛然变幻成为乌鸦，全身赤红，发出优雅的鸣声。古代中国，每个朝代都有它特定的颜色，称之为"正色"。殷的正色是白，周的正色是红。武王捉取白鱼祭神，表示武王可以灭商。红色象征周，乌鸦是孝鸟，所以红色的乌鸦表示武王最后一定可以完成父亲的遗志，消灭殷商。

武王军队到达盟津时，诸侯未经通知自动来会的共有八百人。

"现在可以出兵伐纣了。"诸侯异口同声说。

武王的本意只是要查看支持自己的诸侯有多少，并不是真的现在要去伐纣，便说："你们不知道天命，天命还没有弃绝殷，现在就去伐纣，为时太早啦。"

事实上，武王的意思是说现在时机尚未成熟。何以时机尚未成熟？因为他还没有完全激起大家战斗的意志。

武王从盟津班师回周后，纣王的生活越来越糜烂，人民的生活越来越困苦，他杀了比干，囚禁了箕子，从此纣王面前没有人再敢说真话，甚至连负责祭祀商朝祖先的官吏也带着祭器和乐器逃到武王这里来。商朝祭器被带走，象征祭祖的仪式已中断，商朝灭亡已在眼前。

于是武王通告诸侯说："纣王的罪孽太重了，连祭祖的仪器都保不住，再也不能坐视不理。"

武王照样奉文王的灵牌，率领战车三百乘，勇士三千人，士兵四万五千人，从周起兵东行。到盟津时，诸侯已经全部到齐，齐声说："努力消灭商纣，不可荒怠！"

武王看见群情激昂，便作誓文，通告全军说：

"殷王纣听信妲己的话，违背天命，破坏政治制度，连骨肉至亲都疏远不用。不仅如此，还进一步毁弃祖先相传的音乐，叫人制作淫靡之声，以取悦妲己。现在我奉天命去处罚他。奋勇前进吧！莫再迟疑，胜负在此一举！"

第二年二月，武王军队已逼近商朝的都城，到了南郊的牧野。面临最后大决战的时候，武王再度激励全军将士道：

"将士们，我们已从遥远的西方来到了殷都。我周国的长官和各级将领，还有从不同国家来会的将士们！拿起你们的矛，举起你们的盾！

"我要在此宣誓：纣只听信妲己，不肯祭祀祖先，又漠视诸侯。骨肉兄弟不肯用，却重用从各国逃来穷凶极恶的人，以致使老百姓受苦，使国家陷于危殆。现在，我奉上天的命令，要好好惩罚他。

"今天这场战斗，千万不能疏忽，要好好维持秩序；追击敌人，不能扰乱队伍！奋勇战斗吧，这场牧野之战，要像虎狼一样勇敢！逃走的敌人不要杀，活捉回去当奴隶吧！奋勇战斗吧，不听我的话，必严加处罚！"

宣誓完毕，全军以诸侯的四千乘战车为先锋，在牧野布下阵势。

纣王获悉武王在牧野布阵，也发兵七十万出战。武王先命令太公望选出一百个人，组成敢死队，突击纣王的军营，自己率领大军攻打纣军。

纣王的军队虽然人数众多，但是都没有战斗意志，甚至还暗中期待武王军队攻过来。因而，武王军队一发动攻击，纣军纷纷倒戈叛纣。纣王见情势不妙，掉头奔回都城，登上抽取人民重税建成的鹿台，穿着缝有珠玉的衣服，引火自焚而死。

纣王逃走后，武王挥动大白旗，通告诸侯获胜的消息。诸侯都向武王祝贺，武王亦以王者之礼回答，诸侯遂奉武王为天子。接着武王率领诸侯趋赴商朝的都城，老百姓早已走到城外，等待武王。武王派遣使臣通告商朝的百姓说："上天会降福给你们！"

走入都城，武王到了纣王自杀的地方，看到纣王穿着玉衣未被烧焦的尸体，竟然拔箭向纣王连射三次，再拿起用黄金作装饰的斧钺砍下纣王的头，把它悬挂在大白旗上。接着，武王威风凛凛来到妲己那儿，妲己已自杀身亡，武王也射她三箭，用剑砍了几下，再割下她的头，挂在小白旗上。武王便取代纣王为天子。

武王虽被后世奉为圣人、英主，但他对付纣王的方式实在有点过分，商汤推翻夏桀，充其量也只把夏桀放逐，不像武王那样连死去的人都加以斩首。

4. 反战者之歌

周武王是在诸侯的支持之下，起兵伐纣，因而武王伐纣之举一般都称为"吊民伐罪"，也就是说，这是正义之师。但是，在古代，这可以说是国际战争，两大强权周和殷在同盟国的支持下展开了一场争霸战。胜者为霸，败者则亡，但在战争中最倒霉的往往是老百姓。所以在殷周的战争中，也有人提出了反战的意见。这就是孤竹国的王子伯夷和叔齐。前面说过，伯夷和叔齐听说西伯对老人非常礼遇，便想去投奔西伯。而他们离开祖国，投奔异邦，实在有不得已的苦衷。

原来，伯夷和叔齐是孤竹国国王的老大和老幺。他们的父亲很想让叔齐做王位继承人，可是父亲去世后，叔齐让哥哥继承王位，伯夷说："这是父亲的命令，要你继承王位。"

伯夷说完话，就乘机逃走。叔齐听说哥哥已经逃走，也放弃继承权逃走，因为他认为王位应该由嫡长子的哥哥继承，不能由自己担任。孤竹国的臣民不得已，只好立伯夷的弟弟、叔齐的二哥为王。

伯夷和叔齐逃走后，听说西伯（周文王）礼遇老人，便去投奔他。但是，抵达周的时候，西伯已经去世，武王正奉着文王的灵牌，出发要去攻打商纣。伯夷和叔齐便跑到武王马前，劝谏道："父亲刚刚去世，还没有埋葬，就拿起武器去打仗，能说是孝吗？纣是天子，你是臣子，以臣子杀天子，能说是仁吗？"

伯夷、叔齐的这番话，可以说是骂武王不仁不孝，用意是在阻止战争。他们这样直截了当的说法，当然非常不中听，武王的部下很生气，想把他们杀掉，太公望阻止道："不可以杀他们，他们是义人啊！"

于是，部下把伯夷、叔齐扶走。武王继续伐纣之途。

武王灭纣，被诸侯奉为天子之后，伯夷、叔齐觉得武王这种争霸称王的利己行为很可耻，不屑吃周统治下生产的粮食，隐居首阳山，采蕨菜吃，借以维持生命。

到伯夷、叔齐无法再靠蕨菜维系生命，饿得快要死的时候，他们作了一首歌来表达他们的心迹：

登彼西山兮！（登上那西山啊！）
采其薇矣。（采山上的薇菜来吃。）

以暴易暴兮，（以残暴的手段来取代残暴的君王啊，）

不知其非矣！（还不知道自己错了！）

神农、虞、夏忽焉没兮，（古代圣王神农、虞舜、夏禹怎么那么快就逝去了啊！）

我安适归矣？（我们要归向何处呢？）

于嗟徂兮！（唉呀！要走就走吧！）

命之衰矣！（是我们命运不好啊！）

伯夷和叔齐这两位坚持自己原则的反战者终于饿死在首阳山上。

5. 周偃武兴治

周武王灭纣后第二天，下令打扫道路，修建祭殷祖先的社和商纣的宫殿，然后启程到殷社祭祀。

祭祀典礼非常隆重。由一百个士兵举着旗子先行，后面跟着仪车。武王在群臣护卫下走进殷社，献上牺牲，由史官读祝文：

"殷纣污损祖先的德政，轻视神祇，老百姓深受其苦。纣的种种恶迹，上天已知道得清清楚楚，所以命令你，废除殷的恶政，承受天命，统治中国。"

武王鞠躬领受天命。仪式结束，武王也就真正成了统治中国的天子。

武王成为天子之后，立刻下令释放被纣王囚禁的无罪之人，取出藏在鹿台的财宝和仓库的粮食，发放给穷人；然后封有功之臣为诸侯，如伐纣之战贡献最大的太公望就封在现在的山东省，叫齐，这就是春秋时代齐国的始祖。武王处理了亡殷的善后，就班师回周的都城镐（hào）京（今西安市）。

回到周都以后，一天晚上，武王突然睡不着觉，弟弟周公旦刚好到来，见武王若有所思，便问道："哥哥，你睡不着觉？有什么心事吗？"

"你听我说，上天在我还未出生以前就不再护卫殷了，到现在已经有六十年。在这六十年期间，麋鹿奔驰于原野，飞虫布满田园，天灾人祸层出不穷，人民流离失所，我周国因此才能代殷而有天下。上天把天下赐给殷的时候，殷也有贤臣三百六十人，却不能重用，又不受礼遇，把他们冷落一旁，难怪殷要灭亡了。我未必会一直受到天佑，这样叫我怎么睡得着呢？"武王接着又说："为了真正获得上天的保佑，必须在上天赐予的地方建立都城，毫不宽待地揭发恶人，处以跟纣王一样的刑罚，然后致力于安定西方的镐京，推行良好的政治。这样我才能安心睡觉啊。"

于是，武王在现在的洛阳建立了一个都城，叫洛邑。洛邑又名成周。

洛邑筑成后，武王又回到镐京，把军马赶到华山的南边放养，把牛放到桃林去吃草，收取武器，解散军队，让士兵们回乡团聚，表示从此不再兴军作战了。

过后不久，武王生病，一直治不好，而天下还没有安定，群臣忧心忡忡，太公望和召公想卜卦以确定武王的病体是不是能复原，周公说："现在先不要卜，以免先王忧虑！"

于是，周公叫人设三个祭坛，身戴璧圭，告祭太王、王季和文王，然后由史官念祝辞：

"太王、王季和文王啊，你们的子孙发（武王名字），我的哥哥，因勤于政事而积劳成疾，如果你们在天上无法呵护发，就请用我代替他吧。我多才多艺，很会侍候鬼神。哥哥不如我有才，也不会侍奉鬼神，何况他正承受天命，统治中国，使人民能够安居乐业，人民也敬服他。因此，他不仅没有违反上天给他的意旨，你们也因为他而有永远安身的地方。我现在就用元龟卜卦，征询你们的意思。如果你们答应我的要求，由我代替他到你们那里，我就带着璧和圭，等待你们的命令。如果你们不答应我，哥哥的病不能好，我就只好把璧和圭藏起来，不再侍奉神祇了。"

周公拜完后，命令史官向太王、王季、文王卜卦，所得回答都是"吉"。周公非常高兴，打开箱子跟以前卜卦后记述结果的书籍对照观看，果然是"吉"。于是周公到武王的房间，说道："哥哥，你的病马上就会痊愈。我得到三王的指示，可以替代你，你可以永久统治周了。"

周公把这次卜卦的经过和结果，写起来藏在箱子里，要看管的人不能泄露一点信息。

第二天，武王的病果然就好了。

6．周公辅成王

武王在推翻殷政后两年，得病而亡。

成王幼冲继位，而国内政治又尚未稳定，周公深怕诸侯听说武王去世，会起兵叛变，便不避嫌疑，代成王执行政务。武王的弟弟如管叔、蔡叔等，在国内散布谣言说："周公正利用成王，夺取王位，对成王非常不利。"

周公听到谣传后，告诉太公望和召公说：

"我不避嫌疑，代替成王执行政务，并不是有意于王位，而是怕诸侯借成王年幼，起兵叛变。周完全是靠太王、王季和文王长年经营，勤勉为政，才有今日的成就。现在，不幸武王早逝，成王又年幼，周的基础又还没有稳固。为了稳固周的政局，我不能不这样做。"

太公望和召公并没有怀疑周公的用意，也不反对周公的做法。周公代替成王执政。

周公本来被封在鲁国（今山东），因为忙于中央政治，无法到封国就职，便叫儿子伯禽代替自己到鲁国去，伯禽临行前，周公告诫说：

"我是文王的儿子、武王的弟弟、成王的叔父，从身份上来说，可算相当高贵的了。可是，我一点也不敢轻慢读书人，深怕因此失去了天下贤能之士。你到鲁国以后，绝对不能以一国之主瞧不起别人。这点千万要注意。"

周公从此留在中央，推行政务，不敢有一点疏忽。

可是，造谣中伤周公的管叔和蔡叔，联合殷朝后代武庚，率领东方的淮夷，起兵叛变。周公立刻率军东征，杀管叔和武庚，放逐蔡叔，并把他们原有的领地分成两半，一半封给弟弟康叔，叫卫；一半封给纣王的异母兄微子，叫宋，让他奉祀殷的祖先。又过两年，淮夷的叛变也平定了。从此，天下诸侯完全服从周的统治。

在周公掌权期间，成王曾患重病，周公剪下自己的指甲，沉在黄河里，向河神祷告说："成王年纪幼小，还不懂事，如果有违反神意的事，那全是我的责任，所以罪不应该降在王的身上，应该由我来承担。"

祈祷后，周公也跟以前为武王祈病一样，把这祷文收在盒子里，不让人看。不久，成王的病果然好了。

周公代成王执政七年后，成王已长大成人，能够担当政事，周公把行政权还给成王，以臣子之礼侍奉成王。以前，代行政务时，他以成王代理人的身份接见诸侯。现在则不同，身份与诸侯完全一样。

可是成王当政后，马上有人毁谤周公窥视王位，成王也颇有所疑。周公知道后，急忙逃到南方去。后来，成王打开书库，看到周公在成王生病时向河神祈祷的文件，知道周公的为人，大为感动，立刻派人把周公请回来。

其后，周公在文王时候的都城丰邑（陕西西安市西），致力于政治改革，使人民得以在清明政治下过着安居乐业的生活。最后，积劳成疾，临死前，他说道："我死后，希望能埋葬在都城，表示我永远不敢离开成王。"

可是，周公死后，成王将周公葬在文王墓地的所在地毕（今陕西咸阳市北），因为成王认为自己年纪不大，又无才德，怎敢把有大功于国家的周公看作自己的臣下，理当让他陪伴祖父文王。

周公去世后，还未到秋收时节，突然发生一场大暴风雨，所有农作物都被刮倒在地，大树也被连根拔起，国人都非常恐惧。成王想看看所藏的旧记录中有没有应付暴风雨的方策，便与臣子穿朝服，恭恭敬敬打开藏古文献的盒子，发现其中载有周公自愿代武王而死的事情，成王问史官及执事人员说："这是不是真的？"

"不错，是真有其事，周公要我们不得把此事告诉别人，所以我们不敢说。"

成王听了，手握文件，流泪说道："啊，灾变原来是为周公而起的，既然知道事出于此，又何必去占卜呢！周公如此为国民而勤奋当政，我年纪幼小，竟然完全不知道。现在，上天为表彰周公的功德才发动这场灾变，要我祭天以抚慰周公之灵。"

成王到郊外祭天，抚慰周公之灵。不久，天就下起雨来，风也改变了方向，农作物都被风吹扶起来，重新亭亭挺立。这一年又是大丰收。

第三章　吴越之战

——《伍子胥列传》、《吴太伯世家》、《刺客列传》、《越王勾践世家》

周立国后，传到厉王，国力逐渐衰退，北方异族——犬戎入侵时，已无力反击。周平王只好从长安（镐京）东迁到洛阳。周王无法控制诸侯，中国从此进入了诸侯争霸的局面。这段时期，依孔子编纂的《春秋》而被称为"春秋时代"。有关春秋时代种种事迹，请阅《中国历代经典宝库》系列丛书中孙铁刚教授所撰的《左传》，本书只取春秋末期吴越之战加以叙述。

吴国和越国位于长江下游，到春秋末期才逐渐发展，开始逐鹿中原。但是，这两个同在长江下游的国家，彼此相争甚烈，仇恨也很深，由此展开了绚烂的历史绘卷。在这两国之争中，吴的伍子胥和越的范蠡（lǐ）都表现了相当鲜明的个性。伍子胥热情而执着，范蠡冷静而善于判断。本章即依据《史记》叙述这段有趣的历史画页。

1. 伍子胥离开楚国

春秋末期，楚国人伍员（子胥），父亲名叫伍奢，还有一个名叫伍尚的哥哥。先祖伍举曾出仕楚庄王，以敢于直接指出庄王的错失闻名于楚国。从此，伍家便成为楚国著名的家族。

伍子胥在楚国的时候，正是楚庄王五世孙平王当政的时期。平王的太子名叫建。子胥的父亲伍奢是太子的老师——太傅，少傅则由费无忌担任。可是，费无忌对太子并不忠心，一心只为自己的前途打算，想尽量讨取平王的欢心。平王派他到秦国替太子迎亲。费无忌到秦国，看到秦国的公主长得很美，便立刻策马回国，向平王报告说："秦国的公主长得非常美丽，您何不自己娶为妃子，然后再替太子另娶其他女人呢？"

平王听了虽然有点踌躇，但禁不住费无忌的游说，终于把秦国公主娶过来，一看果然非常漂亮，心里高兴得很，从此不跟其他妻妾接近，只宠爱这个秦国公主。

平王和秦国公主生下了一个儿子，名叫轸（zhěn）。费无忌也因此更得平王的宠信，但是他跟太子的关系却逐渐趋于冷淡。一天，费无忌内心寻思："现在跟国王的关系虽然越来越亲密，可是人总会死的，如果国王死了，太子建便顺理成章继任为国王。太子建一旦继位，一定会杀我，非赶快把他除掉，实在不能安心。"

费无忌越想越心虚，便利用自己得宠，尽力在平王面前毁谤太子建。平王听久了，也开始怀疑，慢慢疏离了太子，让他到城

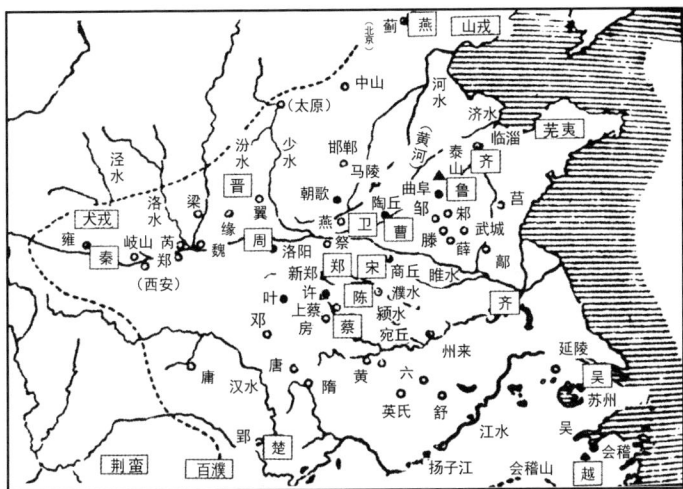

春秋时代图

父（今安徽亳州）这个边界地方，担负守城之责。

费无忌还不肯放松，不停地在平王面前说太子的坏话："自从大王娶了秦国公主以后，太子不时抱怨，可能有不利大王的事情发生，大王不能不有所防备。太子到城父后，不仅有了军队，还常跟诸侯来往，想必不久就会兴兵作乱。"

平王把太子太傅伍奢叫来，详细问他情形。伍奢知道费无忌在平王面前说太子坏话，便义正辞严地说："大王为什么不肯相信自己的骨肉，偏偏要相信别人的话呢？"

费无忌说："如果不先发制人，太子一旦起兵侵入都城，大王的生命就危险了。"

平王一听到有生命危险，就激动起来，再也不去详细调查，立刻生气地把伍奢囚禁起来，并且命令城父司马奋扬去杀太子。

奋扬虽然接下了命令，但不忍心杀害太子，便遣人走捷径去告诉太子建："大王正遣奋扬来杀太子，太子若不快逃就来不及了。"

奋扬抵达城父时，太子已逃到宋国去了。

费无忌趁平王派人去杀太子建的时候，想更进一步铲除异己，巩固自己的势力。

"太子的心腹伍奢，现在已被囚禁，但他有两个儿子，都以聪明贤能闻名于世，如果不把他们杀掉，恐怕对楚不利。现在可以将他们的父亲做人质，把他们叫来杀掉。"

"说得不错，就以伍奢为人质，按计而行。"

平王派遣使者到牢里，见伍奢说："快把你的两个儿子叫来，他们如果来了，饶你一命，要是不肯来，你只有死路一条。"

"老大阿尚为人忠厚孝顺，我叫他来，他一定会来。老二阿员为人刚强，为了完成大事，他可以忍受一般人所不能忍的小节，而且他知道来了一定会被杀，无论如何也不会来。"伍奢早已料到费无忌的阴谋，不肯把儿子叫来。

使者把伍奢的这一席话向平王报告后，平王内心更加不安，派人到伍尚和伍子胥那儿传话说："你们立刻就来，来了就释放你们的父亲，不来马上把他杀了。"

伍尚果然像他父亲所说那样，立刻想来见平王。伍子胥却摇头说道："国王召我们去，是怕我们逃脱之后，将来为害楚国，根本不可能因为我们去就释放父亲。他故意以父亲为人质召我们去，我们去一定跟父亲一道被杀，对父亲又有什么好处？不如逃到外国，借外国的兵力来替父亲报仇。现在去跟父亲一道被杀，最蠢不过了。"

伍尚却回道："我知道去了并不能保全父亲的性命。可是，国王既然说去了可以保全父亲，如果为了自己而不去，以后又报不了仇，那不是让天下人耻笑吗？"

伍尚顿了一下，又说："这样好啦，你逃到外国去，将来好替父亲报仇，我嘛，我已经决心跟父亲一起赴死。"

于是，伍尚从容就缚。伍子胥逃走，使者赶来要逮捕他。伍子胥毫不客气地引弓对着使者，怒目相视："你们再追过来，我可要不客气啰！"

使者吓得连连后退，不敢再接近，伍子胥趁机逃到了太子建所在的宋国。

伍奢听说儿子伍子胥已经逃走，叹息说道："阿员既已逃走，将来楚国君臣都要遭遇兵祸了。国王和费无忌都不会有好日子过了。"

伍尚到了都城，果然与父亲伍奢一起被杀。

另一方面，伍子胥到了宋国之后不久，就遇到宋国内乱。伍子胥又与太子建一齐逃到郑国，郑国对他们相当礼遇，但郑国毕竟是弱小国家，不愿意与楚为敌，他们只好另定计划，决定奔晋。

太子建到晋，晋要他回郑做内应，答应晋灭郑后，把郑封给太子建。太子建回到郑国。不幸做内应的消息被郑国知道了。太子建被杀，伍子胥带着建的儿子匆忙逃亡，想逃奔长江下游的吴国。后面追兵追得很急，千辛万苦才到了吴楚交界的昭关（今安徽含山县北）。昭关的衙役要逮捕子胥等，子胥用计骗过衙役，折回原路，往东步行，到长江边，后面仍有追兵。他看到长江江面上有一艘小船，船上有个渔夫正划着桨。

"渔父！渔父！请把船划过来，载我过去。"子胥焦急地呼唤。

渔夫闻声往子胥这边张望，见子胥带着一个孩子正张皇失措，后面的追兵越赶越近。渔夫把船划过来："快上船！"

渔夫把船划到江上，追兵到了岸边，高喊："喂，把船划回来。"

渔夫充耳不闻。渡过了长江，子胥解下身上所佩的宝剑："这把宝剑，价值抵得上百金，送您为礼，请您笑纳！"

渔夫笑着说道："我知道你是伍子胥。楚国已颁下命令，逮捕伍子胥的人，可得米五万石，并可得执圭的爵位（国家最高行政首长）。我助你难道是为了这把价值百金的剑吗？"

渔夫无论如何不肯接受，伍子胥很感动地跟渔夫道别。

可是，伍子胥命运多舛（chuǎn），还没走到吴都，就病倒了，旅费也花光了，只好一路行乞，好不容易才到了吴都。

2．吴国王位之争

伍子胥到吴做公子光的客卿时，正是吴王僚在位已五年的时候。关于吴王僚继位为吴王这件事，在此要先说一说。

吴本来是周文王的伯父太伯（太王长子）所建的国家。从太伯到吴王寿梦共十九世。这时候，吴的领土已经确定，大致在现在江苏省南半部和浙江省北半部一带地区。

吴王寿梦有四个儿子，长子是诸樊，次子是余祭，三子是余眜，老幺是季札。季札为人聪明，哥哥们也都疼爱他。寿梦想立季札为继承人，季札认为这样不合传统的继承法，不肯答应。寿梦不得已才立长子诸樊为继承人。寿梦去世后，由诸樊继任。诸樊因为父亲的遗志，想让位给季札，季札坚决不肯答应，甚至弃家到乡间居住，耕种为生。

诸樊认为直接传位给季札，季札一定不会接受，如果采取兄终弟及的王位继承法，最后一定可以达成父亲的遗志，传位给季札。因而，诸樊临死时，遗命把王位传给大弟余祭。余祭死，传位给三弟余眜。余眜去世想传位给季札，季札不肯接受，逃亡而去。吴人说："先王遗命，兄弟相继为王。现在应该轮到季札，季札不肯答应，弃王位而逃。国内不能一天没有国王，应恢复以前的继位方式，由王余眜的儿子继任为王。"

国人既然这么说，余眜死后，自然由儿子僚继位为王。这时候，诸樊的儿子公子光非常不满。他认为父亲把王位传给弟弟，不传给儿子，目的是想把王位传给叔叔季札，季札不肯继位，就该传给我公子光，不该传给其他的人。因而公子光暗中结交了许多勇士和贤人，意图刺杀王僚以自代。

公子光有异志，在军功上也力求表现，一方面想借此获得吴人的欢迎，一方面也想乘机扩大势力。因此，吴楚发生边界纠纷时，公子光受命率军攻楚，占领了楚地钟离（今安徽凤阳东北）和居巢（今安徽巢县东北），班师回国。伍子胥趁机谒见王僚，说："由这次边界纠纷，可以知道楚的势力已大不如前，可趁这次战胜的余威，继续攻楚，楚必可轻易占领，请再度遣公子光伐楚。"

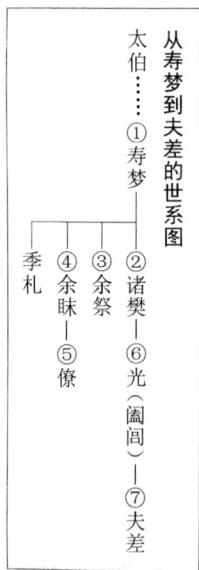

从寿梦到夫差的世系图

太伯……①寿梦

②诸樊——⑥光（阖闾）——⑦夫差
③余祭
④余眜——⑤僚
季札

伍子胥的复仇意志虽然高燃，但他的分析并非没有道理。公子光听了却反对："伍子胥因为父亲和哥哥被楚王杀害，对楚的仇恨非常深。他劝吴代楚，是为自己报楚仇，并不是因为吴的国力足以破楚。以目前的情形来看，破楚的时机还没有到。"

伍子胥知道公子光的说辞后，非常讶异，觉得自己的意见并非只是基于复仇意志，事实上楚国的国力确已大不如前，"公子光为什么会这样说呢？其中一定有道理。"伍子胥独自寻思。再从眼前吴国王室的情形分析，终于豁然了悟，公子光必有异志，而其成功的可能似乎也相当大。于是，他把复仇的愿望寄托在公子光身上。既然公子光是自己希望之所寄，唯一的办法就是帮助他早日完成大事。

伍子胥下定决心后，专心寻找可以帮助公子光的人物，终于找到了勇士专诸，把他推荐给公子光，自己则离开都城，到乡间从事农耕生活，以等待专诸举事。

过了四年，伍子胥杀父之仇人楚平王去世。楚平王与秦国公主所生的儿子轸继立为王，即是楚昭王。

吴王僚利用楚国王位交替之际，派遣自己的两个弟弟盖余和烛庸率军去攻打楚国，想不到吴军却遭到楚军猛烈的反击，还切断了吴军的归路，盖余和烛庸陷身敌国，无法回吴。

公子光得到这个消息后，把专诸叫来，说出了自己的心意："这个机会不可失去。你知道，吴的王位本来应该由我继承，现在正是我夺回王位的时候。"

自伍子胥把自己推荐给公子光，而公子光又对自己优遇有加之后，专诸早已知道公子光的用意。

"对，现在正可刺杀王僚。王僚所倚靠的两个弟弟困在楚国，而国内又无独当一面的人，正是大好机会。只是……"专诸顿了一下。

"你直说好了，有什么为难吗？"公子光说。

"那倒没什么，只是在下还有老母在堂，儿子又年幼，敢烦多加照应。"

"没问题，你的事就是我的事，你往后的事情，我一肩承担。"

"谢谢，这样我就无后顾之忧了。"

两人商量发动政变的方式，终于把场所确定在公子光的府中。

在四月某一天，公子光邀请王僚来参加宴会。公子光预先在地下室埋伏了武装勇士，以备专诸事成后可以迅速出来压制抵抗的王军。

但是，王僚也丝毫不敢放松戒备。宴会当天，从王宫到公子光府邸的路上都布满军队。从大门到入口的阶梯，甚至到大厅的走廊，两旁都排列着王僚的亲信，拿着明晃晃的刀剑。王僚从刀剑林中直抵宴会席上。

宴会进行到酒酣耳热的时候，公子光佯装脚痛，请求王僚允许他暂时离席。离开后，公子光直接到了地下室。

这时候，专诸扮成侍者，端着一盘大鱼恭恭敬敬走到王僚面前，把鱼放在桌上，立刻伸手进鱼肚，取出匕首，直刺王僚胸部，王僚立刻就被杀死了。

原来，专诸知道国王警卫森严，绝对没办法带着武器接近国王，所以预先把匕首藏在菜肴的大鱼肚子里，再扮成侍者模样把鱼端出来。王僚万万没想到鱼腹中会藏着一把刀，而侍者竟然不是一般的侍者。只因这一点点疏忽，王僚的性命就不保了。

王僚被刺后，左右亲信立刻拔剑刺杀了专诸。大厅乱成一片，公子光率领埋伏的武装勇士攻击王僚的部属，全部消灭。公子光的政变终于大功告成。公子光自立为王，就是吴王阖闾（hé lú）。

阖闾如先前的约定，封专诸的儿子为上卿。困在楚国的烛庸和盖余，听说公子光刺杀王僚，自立为王，率领全军降楚，楚也赐给他们领地。

3. 伍子胥报仇雪恨

阖闾就位吴王后，立刻召见策划政变有功的伍子胥，请他担任外交方面的事务，并且常常跟他谈论国事。这时候，伍子胥一直不断地向吴王陈述伐楚的事儿。

在这期间，楚国的伯嚭（pǐ）也因父亲被杀逃到吴国，阖闾任伯嚭为大夫。

阖闾立国后第三年，派伍子胥和伯嚭率领军队去攻打投降楚国的盖余和烛庸，杀了他们，更想进一步攻入楚都郢（yǐng，今湖北江陵县东北）。但因吴国国力尚未强大，只好班师回国。

到了第九年，吴楚间大规模的战争终于开始。吴国动员全国的军力，向西前进，到了汉水边。楚也发兵迎战。两军隔着汉水布阵。

这时，阖闾的弟弟夫概要求领兵突袭楚军，阖闾不答应。夫概说："大王已把军队配属给我。军队最重要的就是作战，何必再等待呢？"

说完话，夫概率领五千名士兵突袭楚军。楚军无意间受到突袭，大为惊慌，终于溃败。

阖闾见状立刻下令追击，不给楚军有喘息的机会。经过五次战斗，吴军终于进入了楚都郢。

伍子胥等待这一天的来临，已经等了十六年。如今终于如愿以偿。

吴军进入楚都后，伍子胥立刻追查楚昭王的下落，想杀楚昭王替父兄报仇，因为杀父兄的仇敌楚平王已死，只好用平王的儿子来代替。但是楚昭王已逃得不见踪迹。伍子胥只好挖掘楚平王的坟墓，把他的尸骸拉出来，鞭打三百下，才算雪了心头大恨。

这时候，伍子胥接见了他的老朋友申包胥派来的使者。原来，伍子胥从楚国逃亡时，曾遇见老友申包胥，他对申包胥恨恨地说："我以后一定要消灭楚。"申包胥回道："如果你灭楚，我必使楚重新恢复不受损害！"

申包胥在吴军进入楚都后逃入山里，并且遣使来见伍子胥，传言道："你的报仇，似乎太过分啦。我曾经说，人虽然可以狠暴胜天，但这是暂时性的，终究会受到上天的惩罚。你本来是楚平王的臣子，现在人死了，竟然还要鞭尸，岂非太漠视上天了？"

伍子胥听了申包胥的传言，便对使者说："烦你转告申包胥说：天已黑，前途还遥不可及，所以我不顾一切，逆理疾行，这也应该说是合情合理的。"

总之，申包胥对伍子胥的行为非常不满，而伍子胥则有自己的一番说辞。后来，司马迁对伍子胥的行为有这样的一段评述：

"怨毒对人的毒害实在太大了。做国王的都不能免于臣下的怨恨，何况是同事之间。如果伍子胥跟父亲一起就死，其死与蝼蚁有什么不同！弃小义、雪大耻，留名于后世，不是很悲壮吗！当伍子胥在江边徘徊，在路上行乞的时候，他的内心曾经有一刻忘记楚都吗？他忍受一切的侮辱，以达成自己的目标，非个性倔烈的大丈夫怎能如此！"

司马迁的这一席话，不管是不是夫子自道，已充分地显示了伍子胥刚烈的个性。

4. 吴越对立

吴王阖闾占领楚都郢后，仍留在楚，寻找楚昭王。这时候，在吴国南方的越，听说吴王在楚，国内空虚，便乘机攻吴，吴王不得已派遣一部分军队回国抵抗越军。申包胥也从秦国取得救兵，攻打在楚的吴军。

阖闾的弟弟夫概见秦国和越国打败了吴军，便擅自回吴，兴兵叛乱，自立为吴王。阖闾只好率军回国，平定了夫概之乱。从此，吴的战争对象已经不是楚，而是南方的越。

据说，越是夏后裔无余封在会稽（今浙江绍兴）一带的国家。从中原各国看来，实在是地道的野蛮国家。但是在吴王阖闾时期，越国已逐渐壮大，开始出现在历史舞台上。

阖闾在楚时，从南方出兵攻打吴国的是越王允常。次年，允常病逝，子勾践继立为越王。吴王阖闾想利用越王勾践新立，内部还没有稳定的时候，出兵攻越，以报前一年越兵侵吴之仇。

勾践也率军在檇（zuì）李（今浙江嘉兴市西南）迎击吴军。吴军阵容严整，无懈可击。要打败吴，必须先使吴军阵容混乱，然后乘虚攻击。勾践终于想出一个妙法。他先编成三队敢死队，据说队员都是死刑囚或报恩之士。第一队走到吴军阵前，对着吴军大呼，吴军吃惊回观，敢死队员一起举刀自刎。第二队、第三队相继以这种方式自刎而死。吴军愣愣地望着敢死队自杀。勾践趁这空隙，驱军袭吴，吴军大败。吴王阖闾也中矢受伤。

阖闾回吴，病发将死，派使者立太子夫差为王，说："杀你父亲的是勾践，千万不能忘记。"

"怎敢忘记！必报此仇！"

夫差继任为王后，任命伯嚭为太宰，积极训练军队，以报越王杀父之仇为唯一目标。

听说吴日夜训练军队，欲报父仇之后，勾践想先发兵攻吴，以制敌机先。重臣范蠡劝谏说："不可以兴兵攻吴。我听说，武器是不吉祥的东西，战斗违背和平之意，争执不合乎人性的根本。现在违反和平之意，拿起不吉祥的武器，投身于不合人性的争斗，一定不能得到上天的嘉许。如果硬要将之付诸实施，不会有好结果的。"

"我已经决定了，不要多说。"勾践不理范蠡的意见，决定出兵。

吴王夫差听说越王勾践兴兵攻吴，立刻动员全国精兵攻击越军。越军大败，勾践率领五千残兵逃到会（kuài）稽山。吴王夫差引兵追逐，包围了会稽山。

勾践进退维谷，懊悔地向范蠡说："恨只恨我不听你的劝告，才会遭遇到这种场面。你说，该怎么办好呢？"

"这必须要讲究天、地、人的和谐。持满而不溢，才能合乎天道；要重整行将崩溃的国运，必须谦虚努力获取人民的支持，这样才能合乎人道；要积蓄财富，丰富国库，必须知道土地的性质，季节的变化，再增加生产力，才能合乎地利。为今之计，只有先与吴讲和。请选取能言善道的人做使者赴吴，谦卑地向吴求和，赠以厚礼。如果吴王不答应，大王只好请求自愿当吴王的臣仆了。不这样吴王可能不会答应。"

"唉！只有这么办啦。"

勾践颔首称是，立刻把大夫文种叫来，告诉他自己的决心，要他出使去见吴王。

文种领命赴吴军求和，深深鞠躬说道："战败的国王勾践遣在下谒见大王，勾践愿为大王臣仆，妻子愿做婢妾，祈请大王允许勾践投降求和。"

吴王夫差听说勾践自愿为臣仆，内心非常高兴，有意答应文种的求和。伍子胥对吴王说："这是上天把越送给吴啊，请别答应。"

吴王觉得伍子胥说得很有道理，便拒绝了越的求和。

文种回去后，把这消息告诉勾践。勾践气愤地说道："既然不答应，我只有下定死战的决心。杀妻子，烧掉宝器，然后率领军队跟吴决一死战。即使明知会战死，也非让吴受重创不可。"

文种劝说："吴的太宰伯嚭为人贪婪，可以利诱。我愿微行去见伯嚭。"

勾践听了不禁叹息道："想不到我竟到了这种地步，往后该怎么办呢？"

"历史上，这种事情常有。殷代的汤王被夏桀囚禁在夏台，周文王被商纣囚在羑里，他们后来不是都成了天下的共主吗？晋文公重耳逃到翟，齐桓公小白亡命于莒，后来他们不是都成了天下的霸主吗？由此看来，大王现在虽身居窘境，怎知道将来不会由此而得福呢？最重要乃在于不屈不挠。"

于是，勾践在文种和范蠡的策划下，让文种悄悄带着美女和宝器去贿赂伯嚭。伯嚭高兴地接受了，同时让文种谒见了吴王。文种对吴王说："祈望大王能宽赦勾践之罪，接纳勾践奉献的历代宝器。如果大王不肯赦免，勾践可能自暴自弃，杀了妻子，烧掉历代宝器，率领会稽山上的五千军队，冲入大王阵营，吴军难免会有所损伤。因此，祈望大王能予宽赦。"

文种这席话不亢不卑，而且略带威胁。伯嚭也从旁游说道："越既然愿意投降，做大王的臣属，宽赦他，对国家比较有利。"

夫差听伯嚭这么说，再加上以一国之君为己臣仆的虚荣心，不觉心动，有意要赦免勾践。

伍子胥听到这消息，立刻谒见吴王，说："现在不消灭越国，将来难免要后悔。勾践是贤能的君王，文种和范蠡是很有才能的良臣。放他们回国，以后可能对吴不利，兴兵作乱就难以应付了。"

夫差不知是自傲，还是因为伍子胥的刚烈性格，对子胥的意见不大愿意采纳。以当时的情况来说，伍子胥的意见比伯嚭的显然要对吴国有利。可是，夫差却对伍子胥说："我已经决定了，赦免勾践！"

夫差接受勾践投降后，便撤除会稽之围，领兵回吴。

5. 伍子胥之死

勾践投降回国后，王者的生活享受一概去除，以质朴平凡为重，并且在自己的房间里吊了一个苦胆，不管睡觉、起床或饮食都要尝尝那苦涩的胆汁。每次尝胆都叮咛自己一声："不要忘记会稽的耻辱！"

苦胆对勾践来说就是会稽之耻的象征，也意味着雪会稽之耻是今后生存的唯一目的。

为了达成此目的，必须获得全国国民的支持，亦即要做到范蠡在会稽山上所说的"人道"。于是，勾践亲自下田耕种，妻子也跟一般妇女一样纺纱织布；三餐的菜肴没有肉，穿衣也不用好布料，换言之，衣食都跟一般平民没有不同；遇到贤能之士就谦虚请教；尊重自己的宾客臣属，使他们没有生活之虞；又热心救济穷人，真心哀悼死者。总之，完全和老百姓生活在一起。

在这样的努力下，勾践不仅获得了臣子的信任，也赢得了全国百姓的支持。自会稽回来后，已匆匆过了七年。勾践自以为报仇的时机已到，想发兵攻吴。大夫逢同劝道：

"我们越国可说刚从几乎灭亡的境地恢复元气、重整国力，现在就像枯木刚发新芽一样，不可急于用兵。何况一旦显露自己的实力，展现自己的军备，吴国必然害怕，吴国一害怕一定会对我们特别注意，那样灾难就会来临了。猛禽要攻击小鸟的时候，一定先把它的姿态隐藏起来，这点值得我们学习。现在，吴正想用兵于齐晋，而又结怨于楚越，表面看来，好像声势浩大，其实只能助长吴王的骄横之气，为我们越国着想，最好的办法是跟楚、晋交好，尽量厚赠吴王，使他更加骄傲。吴王目空一切，必然轻易用兵，最后一定会遭遇齐、晋、楚三国的攻击。等到吴国筋疲力尽，我们就可一举而成功。"

越王勾践听了之后，大喜说道："有道理！有道理！"

从此，越王对吴更恭敬，时时不忘贿赂伯嚭。吴王夫差防越之心越来越松懈，伯嚭越来越相信越王，而勾践却积极整军备武。

又过了两年，吴王夫差果然想兴兵攻打齐国，伍子胥劝告说："请别向齐国用兵。我听说勾践生活非常朴素，又能与老百姓同甘共苦，已获得全国上下的支持。勾践不死，实是我国心腹大患，而齐国对吴只不过是表皮上的癣疥之痒而已。希望大王先对付越国。"

夫差根本不听，起兵伐齐，大胜。回国后，兴冲冲地对伍子胥说："你看，我不是胜利回来了吗？"

伍子胥回道："大王请不要为这一次胜利就高兴。"

夫差听了大怒。

"唉，吴国不可救了！"

伍子胥心灰意冷，意图自杀，夫差下令不许。伍子胥只好苟延残喘。

不久，吴又欲伐齐。勾践听说后，遵从臣下的建议，率领部属到吴朝贡，赠送许多礼物给吴王，也同样送东西给太宰伯嚭。

夫差接到礼物，非常高兴，伍子胥却非常恐惧，对夫差说：

"这是越国收买我们的策略，他们别有用心。实际上，越国才是我国的心腹大患。在齐国赢得胜利，对我国没有什么用处，就像夺得石田不能耕种一样。还是先请对付越国，否则以后后悔都来不及了。"

夫差还是不肯听。而越国这一方面却想试一试吴王对越的态度。文种说："我看吴王已经越来越骄横，我想试试他们对我们的态度。我国近来歉收，可以用借贷粮食来试试吴王。"

勾践立刻答应，派文种到吴借粮。吴王想借，伍子胥劝谏说："不能借，借粮食给越，无异于帮助越。"

夫差根本不理，如数借粮给越。越国君臣窃喜。伍子胥不禁叹道："大王不听劝告，看来三年之后，吴国就要变成废墟了。"

伯嚭打听到伍子胥这些话，便到夫差面前说伍子胥的坏话。

"伍子胥表面看来好像很忠厚，其实他是一个很能忍耐的人。他可以眼睁睁看着父亲和哥哥被杀，怎会忠心耿耿对待大王？前几年，大王要出兵攻打齐国，伍子胥坚决反对。我国此战获得大胜，伍子胥反而更加怨恨，若不预先防备，他必会造反。"

夫差虽然不喜欢伍子胥，却也不相信他会造反，因而还是派他出使齐国。伍子胥对吴国的前途已经非常绝望，临行前，对儿子说："我常常劝谏大王，大王都不能采纳。我现在已经可以预料到吴国不久的将来，就会灭亡。在道义上，我不能不与吴共存亡，你却不必如此。"

于是伍子胥带着儿子一齐到齐国，把儿子托给鲍牧，自己打道回吴。

伯嚭知道这件事后，又添油加醋向吴王夫差报告：

"上次大王伐齐，子胥坚决反对。现在大王要起兵伐齐，他仍然极力反对。大王派他出使齐国，想不到他竟然把儿子托给齐国的鲍牧。在国内不得志，就想倚靠诸侯，这是他的根性。他自以为是先王的谋臣，大王应该重用他，不重用他，他就抱怨。现在大王要起兵伐齐，他不仅反对，还装病不肯随行，一定是想在大王离开都城后有所图谋。请大王多多留意。"

夫差听了伯嚭的谗言，大怒道："我对他早已怀疑，现在居然把儿子送到齐国，显然对我有所图谋。"

于是夫差遣使送属镂剑给伍子胥，说："你就用这把剑自杀吧！"

伍子胥接过剑仰天叹道："唉！谗佞之臣伯嚭混乱国政，不知轻重。你反而要杀我！我让你的父亲称霸诸侯，你还没立为太子的时候，你父亲不想立你，我以死力争，你才得以继位为王。当初，你说只要得立为王，愿把国土分一半给我，我不肯答应。想不到你现在竟然听信谗言要杀我。唉！唉！我不在了，你一个人能有何作为！"

仿佛吴王夫差就在眼前一般，娓娓细述，话中包含无限的凄凉与落寞，随即转眼望着使者，又恢复了他那刚烈的性格，激越地对使者说道：

"我死后，一定要在我的坟墓边种梓树，好用它来做棺材，收吴王的尸体；同时还要挖出我的眼睛挂在都城的东门上，好看着越军进城灭吴。"

说完话，伍子胥拿起吴王所给的剑，自刎而死。

夫差听了伍子胥的遗言，不禁大怒，叫人把伍子胥的尸体裹在马皮中，扔进长江。但是吴国人都很同情伍子胥，在江边为他立祠，哀悼他。

6. 吴国灭亡

子胥死后三年，复仇心炽烈的勾践已经等得不耐烦，把范蠡叫来，问道："吴已经杀了子胥，身边尽是说奉承话的人，已经没有人说真话了，现在可以出兵了吧？"

"还不到时候。"

第二年春天，吴王夫差领全国精兵到黄池（今河南封丘县南）与诸侯会盟。国内只留下老弱妇孺和太子。勾践又问范蠡可不可以起兵攻吴。范蠡回道："可以了，时机已到。"

于是，越动员了五万士兵伐吴，大败吴军，杀了吴国太子。吴立刻将勾践入侵报告夫差。夫差正在黄池跟诸侯会盟，怕诸侯知道，于吴不利，便秘而不宣。直到会盟结束后，才派使者赠送厚礼向越求和。

越知道在现阶段无法一举灭吴，便答应了吴王夫差的请和。

其后四年，吴国因连年对外用兵，国力已疲弱不堪，加上精锐部队都战死在齐国和晋国，越又再度起兵伐吴，大败吴军，逼近吴都。包围吴都三年，越军才攻陷吴都。夫差逃到姑苏山，勾践又包围姑苏山。夫差派公孙雄为使者，赴越军中请和。

公孙雄袒着身子，膝行到勾践面前，说道："待罪之臣夫差，胆敢把心中的话全部向大王说出。以前，曾在会稽得罪大王，臣夫差不敢违背天命，而与大王讲和回国。现在大王亲率军队要杀我，我本当遵命就戮，但我相信大王会以仁心像在会稽那样赦免我的罪过。"

公孙雄亦如文种在会稽一样，说得不亢不卑，并且尽力提起会稽赦免勾践之事，来打动勾践。勾践果然心动，想要宽赦夫差。冷静的范蠡立刻从另一个方向提起勾践受辱以后的种种惨状，说道：

"在会稽，上天有意把越送给吴，吴却不接受。现在，上天把吴送给越，怎可违反天意？试想，君王每天早起晚睡，致力于政事，谋求军事力量的强大，目的不是为了今日吗？刻苦图志，已经二十二年，怎么可以为了一时的仁慈而舍弃？如果上天赐给我们这个机会，我们不接受，反会蒙其害。吴在会稽接受我们的请求，才会遭遇到今天这个局面，请不要忘记会稽之辱。"

范蠡所言，一字一句皆为至理，分析条理井然，但是勾践也跟夫差在会稽一样，在对方的哀求下，迟迟难以决定。勾践说：

"我很想听从你的意见，但是使者说得这么悲切，我心委实不忍！"

于是，范蠡不顾勾践的决定，击鼓进军，逼到吴使者身边，说道："我王已让我处理政事，你赶快走，不走，就处死！"

吴使者听了大哭而走。

过后，勾践越想越觉得吴王可怜，另外派了使者到吴王那里，对夫差说："我让你搬到甬东（浙江舟山群岛上的一个岛屿），给你百户人口。"

吴王听了十分羞愧，感叹说："我已经老了，不能再以臣仆侍奉你，大王！"

临死时，夫差说："我没有面目见子胥！"

于是用布遮住脸孔，伏剑自杀而死。

勾践埋葬了吴王，把太宰伯嚭抓来，指着他说道："你为人的臣子，不能忠于君王的事，还擅自接受外国的贿赂，虽然对我国有功，却也不能饶你！"

下令处死伯嚭。

7. 不能同享安乐之人

越王勾践灭吴后，率军渡淮河，跟齐、晋会盟于徐州（今山东滕州南），并向周元王献贡物。周元王封勾践为伯。这期间，越的势力已逐渐扩展到长江、淮河东方一带，诸侯也尊称勾践为"霸王"。

在越军活跃江、淮时期，范蠡已因历年来的功勋被封为"上将军"，但他的内心早已有退隐之意。回国后，他寻思道："盛名之下难以久安，不赶快隐退，一定有后患，何况勾践这个人只能同他共患难，难以跟他同享安乐，还是赶快离开吧！"

于是写了一封信向勾践辞职：

"自古以来，君主忧患时，做臣子的必须尽力解除君主的忧患；君主受到侮辱时，做臣子的应该以死雪耻。以前，大王在会稽山上受辱，我之所以不立刻为此而死，便是为了助君王雪此奇耻大辱。现在既已雪耻，我的目的已达成，请许我辞职而去。"

勾践接到了辞职信，立刻回信说道："你为什么要离开我？我正要把国分成两部分，由我们两个人统治。赶快打消你的去意吧，否则只有杀你啦！"

"国家由大王一个人统治就很好了，如果要杀我，也只好随大王的意思。我有我自己的想法！"

范蠡辞职后，带着珠宝，与家人、仆从，离开越国，乘船到了齐国，改名换姓，自称鸱（chī）夷子皮。

范蠡到了齐国，立刻写一封信给同事二十多年的文种，说："'飞鸟尽，良弓藏；狡兔死，走狗烹'，这实在是我们必须明白的至理名言，越王这人脖子很长，嘴唇突出似鸟嘴，颜色又黑，那种相貌是可以与人共患难，不能跟人共安乐的。你何不赶快离开！不然的话，灾祸就要降临到你身上了。"

文种接到信后，可能认为范蠡说得很有道理，但不知为什么竟然不能像范蠡一样下决断，离开勾践，却采取了最笨拙的方法：装病不上班！这时候，有人向勾践说："文种可能想要兴兵作乱！"

于是，勾践送一把剑给文种："你以前告诉我说，伐吴的策略有七种，我只用了其中三种，就灭吴称霸。其余四种隐藏在你心里，你就用这四种策略去出仕先王吧。"

所谓"出仕先王"，意思当然是要文种用勾践所送的剑自杀。

文种接到剑，听了勾践的传话，不禁长叹："悔不听范蠡的忠言，尽快离去！唉，想不到我的命运竟跟伍子胥一样！"

他拔出自己用心辅佐了二十多年的君主所赐的剑，结束了自己的生命。

范蠡迁往齐国后，在海边务农耕种，全家人同甘共苦，戮力从事生产事业，不到几年，已积聚财富数十万金，成为当地的大富豪。

范蠡（现在应称鸱夷子皮）的才智与声名，立刻传遍齐国，齐国聘请他做宰相。过了几年，范蠡叹息说："在民间，能成为千金的富豪，做官能做到卿相这种最高的行政长官，以一个老百姓来说，实在已到了顶峰。如果长久享受荣华富贵，而不知自省，一定有灾祸临头。"

范蠡把宰相的印鉴归还齐王，把所有的财产分给朋友和乡人，只带着一些贵重的财宝，跟家人悄悄离开齐国，走到陶（山东菏泽市定陶区）这个地方。

"陶位居天下的中心，做生意、互通有无的道路四通八达，在这里营生，一定可以致富。"

范蠡在陶定居，再改名为陶朱公，同时要求家人努力耕种，豢养家畜，又从事商业。在商业交易方面，他能观察货物的流通状况，货贱买入，货贵抛售，而只取其十分之一的利润。就凭努力耕种与观察货的流通的慧眼，不久，范蠡又成了巨万富豪。

8. 知子莫若父

范蠡定居陶以后，第三个儿子才出生。到这个幺儿长大成人后，次子在楚杀人，被逮捕囚禁。消息传到范家，范蠡说："杀人被处死刑，乃理所当然。但是，我听说富家之子不该死在刑场上，供人观览！我来想想办法吧！"

他准备派遣幺儿到楚去活动。他把许许多多的黄金装在衣箱里，放在牛车上。幺儿正要启程的时候，长子要求让他代替弟弟赴楚，范蠡不答应。长子说："长子一般都称为家督，负有管家的责任。现在弟弟犯了罪，父亲不派我去，却派小弟去，是认为我不行吧？这样我只有死路一条了。"

长子想要自杀，母亲吃惊地对丈夫说道："现在派幺儿去，未必能使老二活着回来。老大看不开，白白浪费一条命，那不是更划不来？"

范蠡不得已，只好派长子到楚国去。范蠡有个名叫庄生的朋友在楚国，他写了一封信给庄生，并嘱咐长子说："到楚国后，把这千两金子送到庄生那里，一切听他处理，千万不要违反他的意思。"

长子动身时，还私自带了几百两金子。

到了楚国，长子听从父亲的嘱咐，把信和千金送到庄生家。庄生住在城外，住屋四周杂草丛生，生活似乎也不充裕。庄生接了范蠡的信和金子之后，对范蠡长子说："信已看过，一切都知道了。你赶快回去，千万别留在楚国。即使你弟弟被释放出来，也别问他怎样被放出来的。快回去，知道吗？"

庄生虽住在陋巷，但因其清廉，深受楚王及楚国人敬重。他接下范蠡的金子，并不是有意据为己有，只是表示他愿意为范蠡处理所托付的事情，成事后就把钱还回去。范蠡长子离去后，庄生对妻子说："这是朱公（范蠡）的钱，以后要还他，千万不能动。"

可是，范蠡长子不懂得庄生的用意，再看到庄生居处如此简陋，不由得怀疑："看来这老爷爷并没有什么特殊的地方，跟一般人没有不同，怎可信靠？"

他这么一怀疑，越发觉得庄生不可靠，于是他没有遵照庄生的意思迅速回去，反而私自留了下来，用私下带来的金子，向楚国有权势的人活动，想解救弟弟。

一天，庄生找到了机会，进城谒见楚王："最近观星相，发现某星宿对我楚国实在不利。"

楚王向来相信庄生，紧张地问道："那该怎么办？"

"可以用德来解除这种灾厄。"

"好，我知道了，先生请回，我必按尊意去做！"

于是楚王派人严密守卫放金、银、铜等钱币的府库。

受范蠡长子贿赂的楚国大臣惊讶地告诉范蠡长子说："国王将要大赦罪犯。"

"怎么知道？"

"昨天晚上，国王派人严守放金、银、铜等钱币的府库。每次国王要大赦的时候，都先行严守钱库，怕消息外泄，人民知道可获赦而去抢劫钱库，所以知道国王要大赦。"

范蠡长子知道楚王大赦，那么，弟弟一定会被释放，心想："唉，白白把千两金子送给庄老爷子，实在划不来。"

他越想越舍不得，便去见庄生。

"什么，你还没回去呀？"庄生惊问。

"还没有。我本来是为救弟弟才来的，怎能在弟弟还没有释放之前就回去？现在听说国王要大赦，弟弟马上就可以出来，所以来向先生告辞。"

庄生知道他是来要回金子，于是说道："金子放在房间里，你自己去拿。"

范蠡长子毫不客气，走进房间，拿了金子回去，心里还高兴得很。

庄生却有被出卖、戏弄之感，心里不由得恼火，又进城求见楚王。

"先生，有什么事？"楚王问。

"没什么事，只是有一件事，想向大王说说。"

"什么事？"

"先前曾向大王提及，某星宿于楚不利。大王意欲修德避祸，这种仁心，实在敬佩之至。可是，今天外出时，在路上听人说，陶的富人朱公的儿子因为杀人被关在牢里，他的家人带了许多金钱来贿赂大王左右，所以大家都说，并不是因为大王能体恤人民才大赦，只是为了朱公的儿子才大赦。"

楚王听了大怒："岂有此理！我再不行，也不会单为朱公的儿子实行大赦！"

随即下令："朱公的儿子某某，犯杀人罪，即令处斩！"

范蠡次子处斩后第二天，楚王大赦天下。

范蠡长子只好领了弟弟的尸体回去。

到家时，母亲及村人都非常哀痛，只有范蠡一个人悲凄地苦笑道："我老早就知道会有这种结果。老大并不是不爱他弟弟，事实上他非常爱他弟弟，所以才不忍心没见到弟弟就回来。他从小跟我在一起，吃过许多苦头，深知生活的艰难，所以对金银财宝非常重视，不敢轻易舍弃。至于幺儿，他出生时，我家已富有，日用起居都很奢侈，不知生活的艰辛，对金银财宝不至于太珍视，送给人也不会有丝毫惋惜。我所以要派他去，就是因为他舍得下钱财。老大因为舍不得，才使他弟弟遭到被杀的命运。这种事理早已清清楚楚摆在眼前，不必悲伤了。我从老大启程的时候，就一直在等着老二遗体归来，早已绝望了。"

范蠡迁居三次，每次都能扬名天下。他不只知道什么时候该迁居，而且搬到什么地方，就在那地方成名。最后他逝于陶，所以后世都称他为陶朱公。

范蠡所以有此成就，是因为他能冷静观察世态的变化，而后掌握住变化的契机，并且付诸实施，不过，最重要的还在他能拿得起，放得下，不为功名利禄所拘。

第四章　秦的兴亡

—— 《秦始皇本纪》、《吕不韦列传》、《李斯列传》、
《河渠书》、《刺客列传》、《白起王翦列传》

　　勾践称霸中原时，春秋时代已进入尾声，十五年后，亦即公元前453年，韩、魏、赵三家分晋，中国历史进入了战国时代。战国时代为期长达两百多年，到公元前221年，秦王政（秦始皇）统一中国，战国时代才结束。在这漫长的战国时期，《史记》记述了许多有趣故事。这些故事也有许多记述在《战国策》里。因为《中国历代经典宝库》系列丛书也包含《战国策》，关于这段时期的事，本书只好割爱，请参阅钟克昌先生所撰的《战国策》。

　　本书在战国部分只论及秦王政的统一中国，进而叙述秦统一中国后以及灭亡的一些事迹。现在即依据《史记》先说一说秦王政（秦始皇）出生的秘密。

1. 秦始皇出生的秘密

战国末年，秦昭王即位后四十年，太子去世。四十二年，立次子安国君为太子。安国君有二十多个儿子，这些儿子都是庶出的，也就是说安国君的正妻华阳夫人没有生孩子。

安国君有一个名叫子楚的儿子，子楚的母亲叫夏姬。安国君不喜欢夏姬，而子楚在兄弟中排行又居中间，自不得安国君喜爱。不久，子楚就被送到赵国做人质。由于秦常常攻击赵国，赵对子楚不十分礼遇，因而子楚在赵的生活相当穷困，又很少与人来往，十分寂寞。

这时候，在各国之间往来做生意的大商人吕不韦，正到赵都邯郸（河北邯郸）来买卖东西，看到子楚衣着并不华贵，却又有士兵护卫，觉得很奇怪，便问身旁的人："那人是谁？"

"那是来自秦国的人质子楚，因为在二十多个兄弟里面排行居中，不被重视，所以穿得寒酸。"

吕不韦听了不禁闪出一个念头："这珍奇的货品可以买下来，必有厚利！"

吕不韦立刻去求见子楚，见面后就说："我能够使你的门变大。"

"使我的门变大，对你有什么好处？还是你自己光大你自己的门楣吧！"子楚冷笑道。

"你不知道啊，你的门变大了，我的门自然也就变了。"吕不韦正经地说。

子楚心知吕不韦话中有话，便请他到内室，相对而谈。遣走从人后，吕不韦说道："秦王年纪已大，安国君已立为太子。听说安国君最宠爱华阳夫人，而华阳夫人又没有儿子。秦王去世，安国君继位。安国君要立谁为太子，华阳夫人必有相当大的影响力。可是，你有兄弟二十多人，又不是老大、老二，加上长年在外做人质，怎能跟长子及其他在安国君跟前的兄弟争取太子的地位呢？"

"不错，确实如此，那该怎么办呢？"

"你没有钱财，又在此地做客，一定没办法送礼物给父亲，并广交有力人士。我吕不韦虽然没有多少钱财，但愿意拿出一千金帮助你，并且到秦国去，替你讨取安国君和华阳夫人的欢心，立你为嫡子。"

子楚听了作揖说道："那就一切麻烦你了。如果进行顺利，我愿把秦国分一半给你。"

于是，吕不韦送五百金给子楚，作日常生活所需及交结有力人士的费用；再用五百金购买珍贵物品，带着到秦国去。

吕不韦到秦国后，用了种种办法，终于见到了华阳夫人的姐姐，并把带来的全部珍奇物品献给华阳夫人。然后对华阳夫人的姐姐说：

"我在赵国认识子楚，子楚为人贤明，赵国人都非常尊敬赞扬，同时还广交诸侯和贤能之士，人际关系非常好。他常对我说：

'我子楚心中早已奉夫人为母，早晚想念太子和夫人。'"

华阳夫人的姐姐听了非常高兴，便把这段话传达给华阳夫人。华阳夫人欣喜不已。

吕不韦又透过华阳夫人的姐姐对华阳夫人说：

"我听说，以姿色来讨好人，姿色一旦丧失，宠爱也就慢慢消失。现在，夫人甚得太子安国君的宠爱，可惜没有孩子，何不现在就在众多的儿子当中选择一个聪明孝顺的人，过继为自己的儿子，再立为太子呢？这样安国君还在的时候不用说，纵使百年之后，所立的儿子继位为王，也还不至于失势。现在正是用一句话来维护长久利益的时候了。如果不在最得意的时候奠下基础，一旦姿色衰退，宠爱消逝，再想凭一句话来维护自己的利益，就不可能了。子楚为人贤明，他知道自己在兄弟里地位不高，亲生母亲又不得安国君的喜欢，所以愿意跟夫人接近，夫人现在立他为嗣，就可以终生安乐，不怕失势。"

华阳夫人听了这一席话，连连点头："不错，说得不错。"

一天，华阳夫人找到了时机，从从容容对安国君说："在赵国做人质的子楚，聪明绝顶，跟他来往的人都非常称赞。"

说到这儿，不禁眼含泪珠，泣声说下去："我蒙你宠爱，实在非常幸福，可惜没有儿子，但愿能立子楚做我儿子，使我以后有所依靠。"

安国君在自己喜欢的女人哭诉下，不忍拂她的意思，安慰道："好，好，别哭了，就让他过继在你名下，我继位后立他做太子。"

华阳夫人闻言才破涕为笑。安国君并且送玉符给夫人，作为立子楚为太子的证据。

安国君和华阳夫人既然有意立子楚为继承人，当然怕他在赵国生活没有着落，立刻送了许多钱财给子楚，并请吕不韦辅佐他。于是，子楚在诸侯间名望越来越高。

吕不韦完成使命，回到赵都邯郸。在这之前，吕不韦曾娶了一个邯郸城最漂亮、最会跳舞的女人为侍妾。《史记》没有记载这侍妾的名字。根据其他书籍的记载说，这侍妾叫朱姬。吕不韦回赵都时，知道朱姬已怀了自己的孩子。

一天，吕不韦邀子楚到家里喝酒，由朱姬作陪，跳舞娱客。子楚见了朱姬，立刻就被迷住。子楚站起来举杯向吕不韦说："祝你健康！"

在当时，这是表示有所请托的意思。子楚随即喝了杯中酒，说道："我想要这女人为妻，请让给我好吗？"

吕不韦一听，不禁心头火起，但转念一想："我已经为这奇货荡尽了家产，本意是想借此来钓取更大的利益，想不到现在竟然看上了我喜欢的朱姬，若不给他，千金家产不就白白浪费了吗？"

吕不韦压住怒气，大大方方把朱姬献给了子楚。

朱姬并没有把怀孕的事告诉子楚，过了十个月，生下一个儿子，取名为政，即其后的秦始皇。子楚立朱姬为正夫人。

秦昭王五十年，秦军围赵都邯郸。赵王非常生气，想杀子楚。子楚跟吕不韦相商，用巨款贿赂守关的人，好不容易才回到了暌违已久的家乡——秦国。

过了六年，秦昭王去世，安国君继位为王，立华阳夫人为王后，子楚为太子。安国君在位一年便去世，由子楚继位为王，即是庄襄王。庄襄王即位后，奉亲生母夏姬为夏太后，华阳夫人为华阳太后，并任命吕不韦为丞相，封文信侯，赐给他十万户的食邑地。

庄襄王在位三年就去世，由太子政继位为王，就是以后的秦始皇，尊吕不韦为相国，称吕不韦为"仲父"。当时，秦王政幼小，只有十三岁。吕不韦掌握了政治实权，邯郸的投资终于得到了结果。不韦不仅有权也有财，府邸中还有家童万人。

当时，魏国信陵君、楚国春申君、赵国平原君、齐国孟尝君，都能礼贤下士，拥有许多食客，并以食客人数的多寡相较量。吕不韦觉得秦国在当时最强，食客人数却不如上述各人，深以为耻，因此也尽量招徕各方贤能之士，给予优厚待遇，门下食客遂有三千人。

吕不韦为相国，权势相当大，但是到秦王政长大成人后，因太后（朱姬）意图废秦王政，事变牵连不韦。秦王政想杀吕不韦，但因他有功于先王，再加上吕不韦门下食客不断地游说，才没有把事态扩大。

不久，秦王政罢免吕不韦相国的职位，让他回到自己的食邑地。可是，不韦食客太多，秦王怕不韦跟食客联合造反，便送一封信给不韦，说：

"你对秦国有什么贡献，竟然拥有了十万户的食邑地！你跟秦国有什么亲戚关系，竟然号称仲父！你跟你家人搬到四川去吧！"

吕不韦知道秦王要削弱自己的势力，然后加以诛杀，为了避免满门被诛杀，吕不韦只得饮毒自杀。

2. 外国人亦可用

吕不韦去世后，秦王已经没有任何阻碍，可以大胆放手去做，而且比其他各国先着手推行政治改革。这时候，帮助秦王推行政治改革，贡献最大的是李斯。

李斯是楚国人，年轻时，曾在乡里做掌管文书的小职员。

当时，他上厕所，常看见老鼠在吃粪便。只要有人和狗接近，老鼠总是惊慌失措。

一天，李斯进入粮仓，看见老鼠在吃库粮，老鼠一点也不害怕，因为老鼠在这大粮仓住了很久，平时不受人狗惊扰，根本不必对人狗提心吊胆，可以自由自在吃库粮。

李斯看到这种情景，不禁叹息道："唉，人的成功与否就跟老鼠一样，完全要看所处的环境来决定。"

于是，李斯就跑去跟当时的大学者荀卿学政治学。学成后，李斯想："楚王实在是一个不值得跟从的人，而六国都国势低落，没有可以发挥自己所学之处。只有秦国最强,可以到秦国去看看。"

李斯决定后,向老师荀卿告辞,说:

"现在正是动乱的时代,也是弱肉强食的时期,各国都争聘才能之士。而秦王有意并吞天下,正是一般有才能的穷人出人头地的好时机。人最大的耻辱,莫过于地位卑贱;最大的悲哀莫过于贫穷。长久处在卑贱的地位,贫穷的境遇,还嘲笑世上的富贵,讨厌世人的荣华利禄,而自称不愿意去追求,事实上不是不愿意,而是能力不够啊!所以,我现在要到秦国去游说秦王。"

李斯辞别老师,抵达秦国,正好碰上庄襄王新逝,只好去当秦相吕不韦的食客。吕不韦很欣赏他,把他推荐给秦王政当侍从。因此,李斯才有机会展现自己的辩才。他对秦王说:

"现在诸侯都已向秦屈服,六国已跟秦国的郡县没有两样。以秦国的强盛,加上大王的贤明,要灭六国,就像扫炉灶上的灰一样,轻而易举。消灭六国,完成统一大业,现在就是最好的时机。如果错过这个机会,诸侯慢慢坐大,彼此互相联合,大王纵有黄帝的才能,也不能消灭他们。"

秦王听了频频点头,李斯继续说下去。

"要灭六国,最具体的方法是派遣间谍潜入各国,去游说诸侯的大臣。诸侯的大臣肯跟秦合作的就给予巨额的钱财;不肯合作的就用利剑暗杀。这样可以使六国的君臣互相怀疑,造成六国国内的混乱,大王再派遣良将随后出击,六国必可灭。"

秦王政听了非常高兴，立刻把李斯的计划付诸实施，并且拔擢李斯，担任客卿。

就在李斯担任秦国重要职位的时候，秦国发生了一件间谍案。

原来，韩国为了避免秦国起兵东伐，便派水利工程师郑国做间谍，诈称逃亡，到了秦国，劝秦王开凿沟渠，以利灌溉。其目的是想让秦国投下大量资本兴修水利，而无力东伐。可是，沟渠才建到一半，郑国的间谍行为就被发觉。秦王想杀郑国，郑国说："我起先确是以间谍的身份到秦国来的，可是，沟渠建成后，对秦也有莫大利益啊。"

秦王说："不错，你就继续完成你的工作吧。"

沟渠完成后，灌溉的地区达四万多顷，秦国更加富强。于是，把郑国所修的沟渠命名为"郑国渠"。

就在郑国间谍案爆发之际，秦国大臣异口同声对秦王说："从外国来的人，大都是替他们的国家到秦国来做间谍的，请把这些人全部驱逐出境。"

当然李斯也是被驱逐的对象，如果秦王颁发了逐客令，李斯出人头地的目的就落空了。于是李斯上书秦王说：

"听说目前有意要把从外国来的人都驱逐出境，这实在太过分了。秦能够称霸，完成帝业，完全是靠外国来投奔的人。这些人对秦有何不利？如果以前就把这些助秦称霸的外国人驱逐出境，又疏离贤能之士，秦国哪里还会有今天的强盛？现在大王拥有珠玉，又醉心音乐。这些珠玉和音乐本来并非秦国所有，都是从外国来的，而大王却不因为它们是外国的东西而舍弃，却偏偏要驱逐外国来投靠的人，而且不论对错，一律驱逐，难道大王重音乐珠宝，而漠视人才吗？这样怎能完成统一天下的大业！再说，泰山不嫌弃任何泥土，所以能够累积而成高大的山岭；黄河不拒绝细水的汇流，所以能够成为大河；王者不拒绝任何人，所以能够推行良好的政治。现在，大王却舍弃人民，资助敌国，驱逐有能力的人去帮助诸侯，这样天下贤能之士，谁还会到秦国来？这岂非'给敌人武器，助强盗粮食'吗？秦要统一天下，完成帝业，怎有可能？"

秦王看了他这封情辞并茂的建议书，立刻收回了逐客之令，恢复了李斯的官职，并采纳他的策略，最后终于完成了统一天下的大业。李斯也升官，做了廷尉（相当于司法院长）。

3．荆轲刺秦王

秦王政在内有李斯的策划，在外有良将东征蚕食六国，逐步走向了统一之途。

秦最先灭了韩、赵两国，正要向东向南继续完成统一大业的时候，却发生了一件震惊全国的谋杀未遂案。这就是荆轲行刺秦王。

荆轲先祖是齐国人，后来迁到卫，而成卫国人。荆轲曾出仕卫王，卫不能用，便到燕。

荆轲到燕国以后，跟杀狗的屠夫和善于击筑（似琴，有十三弦，用竹尺敲击）的高渐离缔交。荆轲喜欢喝酒，常跟高渐离一起在街上酒店喝酒，到半醉时，高渐离击筑，荆轲随着乐音高歌，时而大笑，时而相拥而泣，目无旁人。他为人豪爽沉潜，很有学问。

荆轲到燕后，颇受燕的贤人田光先生欣赏，认为他不是普通人。田光先生对他非常好。

不久，燕太子丹从秦国逃回燕国。原来，太子丹曾在赵做人质，而秦王政也是父亲在赵做人质时出生的。两人在赵时，常在一起玩，非常友好。政继位为王后，燕太子丹再到秦做人质，本以为秦王政会对他好，想不到却丝毫不受礼遇。燕太子丹恨恨地逃回本国，意图向秦王报仇。但是，秦国势力强大，正蚕食诸侯，以燕国的弱小自然无法以兵力抵挡秦国。因而燕太子丹想用计劫取秦王。

太子丹最先想请田光先生来完成自己的计划。田光自知年纪已大，不堪此任，转把荆轲介绍给太子丹。

太子丹接见荆轲，随即说出了自己的计划："现在秦国势力强大，到处用兵，六国又不敢联合一致抗秦。不久，秦军必定侵入燕国，燕国弱小，绝对无法抵抗。为了燕国，我拟出了一个计划，想聘用一位天下最勇敢的人，出使秦国，用利诱惑秦王，秦王为人贪婪，一定可以如愿。如果劫持了秦王，便迫他归还诸侯的土地；如果无法劫持，就用利剑把他刺杀，秦国内部一定会因此造成混乱，六国就可乘机联合，攻入秦国。这是我最大的愿望，可惜找不到人，但愿先生助我！"

荆轲沉默了一会儿，然后说道："这是国家大事，我这驽钝的人恐怕挑不起这副重担。"

太子丹作揖说："务请先生不要推辞，我知道，在燕国，除了先生之外，再也找不到一个有胆量的人来完成这项计划。"

"太子既然如此看重在下，在下愿意粉身碎骨试一试。"荆轲终于答应。

"谢谢！"太子丹感激地说。

于是，太子丹尊荆轲为上卿，让他住在最好的房子，还每天到荆轲那里看他，给他最好的食物，送他车马、美女，尽力讨好荆轲。

可是，荆轲一直没有启程的意思，而秦军已攻下赵都，掳了赵王，进军到燕国南方边界。太子丹非常害怕，对荆轲说："秦军早晚就要渡过易水，我恐怕无法再长久招待先生啦！"

"我本来早就要启程，只是找不到可获秦王信任的方法，如果不能亲近秦王，目的就无法达成。现在秦王正悬赏千金再加万户的封地，想获得樊将军的首级。如果有樊将军的首级和燕督亢（在河北省）的地图献给秦王，秦王一定会很高兴地召见我，这样我也能对您有所还报了。"

樊将军是指得罪秦王，从秦国逃到燕国，托庇于太子丹的秦将樊於期。燕太子丹听到荆轲要用樊於期的首级来获得秦王的信任，便说道："樊将军在走投无路的时候，来投靠我，我怎忍心为了个人的利益伤害他呢，但愿先生再好好想一想。"

荆轲知道太子丹不忍心杀樊於期，就悄悄去见樊於期，说道："秦对将军实在太残酷了，不仅杀害将军的父母和族人，现在还用千金和万户封地购买将军的首级，将军有没有什么应付的办法？"

樊於期听了不禁仰天长叹，悲伤地说道："我每次想到秦王这样对待我，真是痛恨无比，却又想不出什么办法来？"

"现在我有一个办法既可以解除燕国的祸患，又可以替将军报仇，不知将军以为如何？"

"是什么办法？"樊於期趋前问道。

"希望能够得到将军的首级，献给秦王。这样，秦王一定会很高兴地召见我。那时，我用左手拉他的袖子，用右手刺他胸部，将军的仇可以得报，燕国的灾祸也可以避免，将军意下以为如何？"

樊於期扼腕趋前说："这正是我日夜咬牙切齿所企盼的，现在终于有办法报仇了。"

樊於期说完话，立刻自刎而死。太子丹听到消息，奔来伏尸痛哭。事情已发展到这种地步，只得用盒子装了樊於期的首级。

这时候，太子丹已找到一把最利的匕首，还用毒药炼过，刺人立死，同时还找到一个十三岁的勇士秦舞阳做副使，准备让他一起跟荆轲赴秦国。秦舞阳年纪虽小，却曾杀人，人们都不敢正面看他，是一个小太保。

但是，荆轲早已准备好，只在等待一个远地来的人，想跟他一起去。这个人却迟迟不来。太子丹等得不耐烦，以为荆轲改变了主意，再度问荆轲："日子已经不多了，秦军可能马上就会来侵入。如果先生还有所怀疑，我想先派秦舞阳去……"

荆轲听了心头火起，对着太子丹怒吼："为什么要派那小鬼？小孩子知道什么，不加考虑，只知道一去不回就可以吗？何况是要提着匕首进入难以测度的强秦？我所以迟迟不走是在等待一个朋友，跟他一道去，现在太子既然嫌迟，就此辞别太子启程吧！"

荆轲启程时，太子丹跟其他知道荆轲此行目的的人，都穿着白衣裳送荆轲，来到易水边，祭路神祝荆轲一行路上平安后，挚友高渐离击筑，荆轲和筑高歌，筑音歌声，悲切凄怆，荆轲一面往前走，一面唱道：

风萧萧兮易水寒，壮士一去兮不复还！

歌声顿然转为慷慨激昂，荆轲坐上车，头也不回往前行去。

荆轲抵达秦国，用重金贿赂秦王宠臣蒙嘉，让蒙嘉先向秦王报告说：

"燕王畏惧大王的威严，不敢举兵反抗，自愿以臣下出仕大王，特斩樊於期首级，并献上燕督亢一带地图，遣使送来，请大王定夺。"

秦王听了非常高兴，以正式仪节威严地召荆轲到咸阳宫。荆轲捧着樊於期首级的盒子，秦舞阳拿着放地图的小盒子，依序走进来。到阶梯前，秦舞阳吓得脸色都变了，而且浑身颤抖。秦王群臣觉得很奇怪。荆轲发觉了，回首望着秦舞阳笑，然后走到秦王面前，献上樊於期首级，一面为秦舞阳致歉道：

"是北方蛮夷的乡下人，不曾见过天子，才会这样恐惧。恳请大王暂且宽恕，让我们在大王面前完成使命。"

"好，把秦舞阳所带来的地图拿过来！"秦王对荆轲说。

"遵命！"荆轲把地图拿过来，送上去。

秦王打开成卷的地图，地图展到最后，露出了匕首。荆轲趁这间隙，左手抓住秦王的袖子，右手拿起匕首，往秦王胸部猛刺。匕首还未刺到胸部，秦王已吃了一惊，引身站起来，撕裂了袖子，想拔出腰间的剑，剑太长，匆忙间拔不出来。

荆轲追逐着秦王，秦王绕着柱子奔逃，秦臣因事起突然，都吓得不知所措。

按秦国的法律，殿上的群臣都不准带兵器，护卫虽然带着兵器，却站在殿下，非经呼唤不能上殿。

因为事情发生得太突然，加上秦王正在慌张中，忘了呼唤殿下的护卫，只好空手对付荆轲。

就在这时候，侍医夏无且把所带的药囊朝荆轲扔过去。趁这间隙，有人大喊："把剑背到背上！"

秦王把剑从腰间往背后一推，随即从肩上拔剑，击打荆轲，砍到荆轲左腿。荆轲倒下，顺手把匕首朝秦王扔去，没有击中，锵地一声，匕首插在铜柱上。

秦王乘势猛往荆轲身上砍去。荆轲中了八剑，自知事已不成，靠着柱子大笑："事情所以不成，是因为我本想活捉你，逼你订下契约，好回报太子啊！"

于是，秦臣杀了荆轲。秦王气闷了好久，遂下令王翦攻燕，十月后攻下燕都蓟城（在北京西南）。燕太子丹逃到辽东，最后终于被杀。过了五年（前222），秦灭燕。

4. 秦将的活跃

秦王政掌政后，积极对外用兵，先后征服六国。就在这军事行动期间，发生了上述荆轲刺秦王事件。可是，在秦国的军事行动过程中，荆轲刺秦王可以说只是一件相当悲壮的小插曲，对秦国的统一天下并没有太大影响。在荆轲事件前后，秦的统一已逐渐完成。秦王政十七年（前230）灭韩，十九年（前228）灭赵，二十年（前227）发生荆轲事件，二十二年（前225）灭魏，二十四年（前223）灭楚，二十五年（前222）灭燕，二十六年（前221）灭齐，统一天下。

在这统一过程中，率领强兵攻城略地贡献最大的是秦的将领。

在秦的将领中，王翦所扮演的角色相当重要。

王翦自幼就喜好兵法，成人后，出仕秦王政。

秦王政十一年（前236），王翦开始率军攻赵，得赵九个城邑；七年后，又率军攻赵，终于灭赵。第二年，因荆轲刺秦王，王翦受命攻燕，占领燕都蓟城。燕太子丹弃燕都逃到辽东，年少的秦将李信穷追不舍，终于在辽东杀了燕太子丹。秦王对李信的豪勇颇为欣赏，问他说："我想攻打楚国，如果派你率军去攻打，你要多少兵力？"

"只要二十万就够了。"

秦王又向王翦提出同样的问题。王翦回说："非六十万不可。"

两者相形之下，秦王不禁想："王将军毕竟老了，胆小心怯；李将军年少气壮，果敢豪迈。李将军的话比较可靠。"

于是，秦王命令李信和蒙恬率军攻打南方楚国。

王翦由于自己意见不被接纳，便称病回到故乡。

攻楚的秦军分成两路，一由李信率领，一由蒙恬率领，各占领了许多城池。李信率军西行，欲与蒙恬军会合。楚军却悄悄跟踪李信军队，伺机猛攻。李信军遭受伏击，损失了七名军官，大败而逃。

听到败战消息后，秦王大怒，想起了王翦。

秦王亲自策马到王翦故乡去见他，抱歉说道："我不听将军的意见，终于遭遇了李信大败的局面。听说楚军正向我国逼近，将军虽然生病，还恳请为我抵御楚军。"

"我年纪已老，又有病在身，糊涂得很，请大王另找其他将领吧。"

"就这样决定了，请将军不要再多说。"

"如果大王一定要用我，非给我六十万大军不可。"

"好，好，一切听将军的。"

王翦回到秦都，点起六十万大军，浩浩荡荡向南方前进。秦王亲自送行，临别时，王翦说："祈请大王赐我良田美宅！"

"将军都要出征了，为什么还怕贫穷呢？"

"做大王的将领，可真不简单呵。即使有功，也无法封侯。现在大王正用得着我，我怎可不及时向大王要求良田美宅，让子孙好好过个舒服日子？"

秦王听了大笑。

王翦跟秦王辞别后，途中五次遣使向秦王要求良田。于是有人对王翦说："将军频频要求良田美宅，不是太过分了吗？"

"一点也不过分。秦王粗暴不相信人。现在把全国军队都交给我，国内已经没有兵，如果我不时时向他请求良田美宅作为子孙的产业，以此获取他的信任，他一定会怀疑我要叛变。"

王翦代李信领兵攻楚。楚国听说王翦率领六十万大军来攻，也动员全国的军队迎战。

王翦到了前线，虽然楚军屡次挑战，总是坚守阵营，不肯应战。王翦尽量让士兵休息，给予好食物，并跟士兵同桌吃饭。

过了好一阵子，王翦派人到军中巡视。回来后，王翦问："士兵都在玩什么？"

"我去巡视时，士兵们不是在玩投石游戏，就是在进行跳远比赛。"

王翦听了颔首道："唔，他们的精力已无处发泄。不错，不错。"

这时候，楚军因屡次挑战，对方都相应不理，便撤军东回。王翦立刻下令追击，大败楚军，杀了楚将项燕，同时乘胜攻打楚国城池，一年后终于俘虏了楚王，占领了楚的全部领地。

大约在同一时候，王翦的儿子王贲跟李信向北攻燕。灭燕后，回师攻齐，齐王投降。秦终于在秦王政二十六年统一了全中国。

5. 一统天下

李斯在内主政，将军在外征战，秦完成了统一天下的帝业。秦王命令丞相和御史说："由于祖先的庇护，我终于平定了六国，使天下得以一统。如果不改以前的'王'号，不能说是成功，不足以传后世。这件事，你们要好好商量一下。"

丞相王绾（wǎn）、御史大夫冯劫和廷尉李斯等接到命令后，立刻聚商，得到了一个结论，便向秦王报告说："以前，黄帝、尧、舜等五帝所统治的地方只有一千里见方，千里外的诸侯或夷狄是否向五帝朝贡，五帝都不能控制。现在，陛下发动正义之师，灭六国，平定天下，统治范围广阔，而且都划为郡县，由陛下直接统治。这种成就自古以来没有人赶得上，连五帝也望尘莫及。据称，五帝以前有天皇、地皇和泰皇，而以泰皇最为崇高，所以今后可改'王'为'泰皇'，天子自称时用'朕'，不知陛下以为如何？"

"不如去掉'泰'，只采'皇'字，再跟五帝的'帝'字合并，称为'皇帝'。据说，太古时期，有帝号或王号，而没有谥法；到中古时期，仍有'王号'，死后又加上了什么谥法。这岂不是让儿子利用谥号来批评父亲？臣子用谥法来批评君主？怎么可以！从今以后，废除谥法，朕为始皇帝。朕后则为二世、三世，以传于无穷。"

中国"皇帝"之名从此诞生。

一天，丞相王绾向始皇帝说：

"刚刚平定诸侯，统一天下，而燕、齐、楚距离都城很远，如果不在这些地方立王统治，恐怕不容易完全控制，请陛下在这些地方立皇子为王。"

始皇帝听了便把这意见交给群臣讨论，大家都赞成，只有李斯反对，李斯说：

"周文王和周武王封周姓子弟为王，可是，这些子弟所封的国家后来都跟周室日渐疏远，而且互相攻击，简直和仇敌没有两样，周天子也没有办法加以阻止。现在陛下统一天下，设置郡县，只要用国库里的赋税重赏皇子和功臣就行，不必再变动，这样反而可以使天下安定，再置诸侯实在不恰当。"

始皇帝同意李斯的意见，说：

"连年战争，人民受苦，主要是因为有诸侯的缘故。幸赖祖先的保佑，得以平定天下。天下刚稳定，又分封诸侯，将会再招来兵祸，这样要使天下安宁，岂不是很困难？李斯说得有道理。"

于是，始皇帝不再分封诸侯，并与李斯等磋商统治中国的方法。终于决定把全中国分为三十六郡；郡之下设若干县；县之下再设乡、亭、里等行政单位。每郡设守（行政首长）、尉（军事首长）和监（监察官），而人民都称为"黔首"，郡的三个首长都由皇帝任命。县的首长和乡、里的官吏也经同样的程序任命。皇帝拥有绝对的权力。这就是所谓的郡县制度。

接着又把全国武器聚集到都城咸阳，全部熔化后制成十二尊金人（铜像），每尊重一千石（二十四万斤），放在宫廷里。以前，六国各有其度、量、衡，现在则归划为一，全中国有了统一的度量衡制度；以前，马车的车辐、文字的写法，各国都有所不同，现在也统一了。此外，为了防阻北方民族的入侵，又修筑了现在闻名世界的万里长城。

始皇帝怕有人造反，又把全国十二万户的豪富之家迁到咸阳。

秦始皇的这些作为，一方面向全中国夸称天下已由他统一，一方面也鉴于制度不同，不易统治。所以，他不顾各地不同的传统与习惯，接连颁布了许多统一的新制度。

对始皇帝这种不尊重各地传统与习惯的作风，自然会有人起而反对。其中一向尊重传统与各地习俗的学者最为不满，他们常伺机批评始皇帝的政策，例如身任博士之职的齐国人淳于越便当着始皇的面，说：

"殷周能够称王千余年，是因为封子弟功臣为诸侯，来辅佐援护王室。现在，陛下统一全中国，而子弟都变成了一般人，这样反而会使陛下孤立。凡事不学习古人古法，而能维持长久的，似乎不曾有过。望陛下仔细想一想。"

始皇帝把这意见交给群臣讨论。李斯说：

"现在，陛下已统一天下，各方安定，百姓都应兢兢业业，致力于农工事情；读书人也该知道法令，不能有所冒犯，想不到现在的读书人竟然只知学古人古法，而不知现代法令的威严，徒然扰乱老百姓的心智而已。法令一颁布，他们就依据古人古法（传统习惯）加以批判，不知随时势而变通，而且心怀不满，一离开朝廷到外头，就频频讨论，最后还咒骂陛下，唱反调，来提高自己的声望。如果不加禁止，陛下的权威一定会降低，他们也会私相结党来批评陛下与法令。因而，呈请陛下立加禁止。史书中，和秦史无关的全部烧掉。除了博士掌管的《诗经》、《书经》和诸子百家的书籍以外，不许民间庋藏，民间所藏这类书籍一概由郡守、郡尉负责加以毁弃。如果有人还敢私自谈论《诗》、《书》，批评政府，处斩；毁书令颁后三十天，不把书籍交出烧毁者，处徒刑四年，充军边疆。只许医药、卜筮和农学方面的书籍保留下来，不毁。如果想学法令，可以从官吏学习。"

李斯的意见显然是为维护政府的极权统治而来，所以他特别强调法令的权威性。他对当时读书人泥古不知变通的批评有其对的一面。但是，他不用互相辩驳的方式来陈述自己意见，却想用暴力来压制批评者的论点；批评者虽然保守，却也形成一股力量，几乎可以说已形成舆论，李斯不肯细心检讨批评势力为什么会这样大，反而想用政府的强大力量来整肃异己，甚至还怪罪到批评者所依据的书籍，而主张采取焚书政策。总之，李斯只想凭借着高压政策来制止人民的批评，而不知检讨国家政策遭受批评的背后原因。

"粗暴不相信人"（王翦语）的秦始皇，听了李斯的意见，自然非常受用，因为李斯的这些话目的在提高始皇自己的权力和权威，所以他立即回答说："好，就依李斯的意见去办！"

于是，秦始皇下令没收全国《诗》、《书》和诸子百家之书，又在咸阳坑杀了四百六十多个批评政府的读书人，这就是历史上所说的"焚书坑儒"。

此后，始皇帝的法令越来越严，动不动就把违反法令的人送到北方和南方的边疆。

始皇帝的大儿子扶苏看不过去，劝始皇说："天下刚刚稳定，远方的民族还没有完全心服。在此情况下，读书人读孔子的书，拘泥于孔子的教训，实在也没有什么妨碍。陛下却以重法限制他们，不许他们读孔子的书，这样恐怕会导致社会不安，祈请陛下斟酌。"

始皇听了大怒："你批评我！你敢批评我？"

于是命令扶苏远赴北方的边境，监督蒙恬防御匈奴。国内肯说真话的已难见其人。

统一天下后第九年，始皇帝觉得咸阳人口太多，以前的宫殿太小，便想在渭水南岸新建大宫殿，先建前殿阿房宫，东西长五百步（约七百米），南北宽五十丈（约一百二十米），殿上可容纳万人，殿下可插五丈（约十二米）的旗子；宫殿四周有回廊和通道。从殿下可直通南山，以南山顶做宫城的正门。从阿房宫建上下双重走廊向北渡渭水可到咸阳。

同时，从始皇帝即位以后，就开始凿郦山（今陕西西安市东）营建自己的陵墓。陵墓中还建宫殿，排定百官的席次，放满奇器珍宝，并且命令工匠做机器，安放弩矢，人一接近就会自动射出箭来，还以水银做江河大海，用人鱼膏做蜡烛，可以久久不灭。

为了营建阿房宫和郦山陵，始皇帝发动了七十万人。这些工人都是因事触犯法令，遭受腐刑，然后再分发到这里来做工。如果《史记》记载没错，当时咸阳的罪犯竟有七十万人之多，再加上流放到南方和北方戍边的罪犯，其数就更多了。

始皇帝虽然拥有绝对的权力，但是，他仍有一件恐惧的事，那就是"死"。为了避免"死神"降临，他必须与死神战斗，战斗之道就是求"长生不老"的灵药。

始皇帝统一天下后不久，齐人徐市（徐福）上书始皇帝说："东方的海上有三座神山，叫蓬莱、方丈、瀛洲，山上住着仙人，请皇帝斋戒，让我率领童男童女去求神仙赐我仙药。"

始皇帝知道有此灵药，非常高兴，就派徐市领了几千童男童女去求仙药。

之后，又相继派燕人卢生去找古仙人羡门和高誓，派韩终、侯公、石生去求仙人不死之药。

在这些求仙的人当中，卢生最先回报说："臣入海求仙，没有找到仙人，却发现了《录图书》，上面写着：'亡秦者胡也。'"

始皇帝以为"亡秦的"是胡人，立刻派蒙恬率领三十万人去攻打匈奴。

接着，卢生对始皇帝说："臣到海上去求仙药，没有得到。据说，要能长生不老，最好要能恬淡。要恬淡，必须让臣子不知道陛下所住的地方，这样仙药才能求得。"

始皇果然如卢生所说，尽量把自己的住处隐蔽起来，凡是有人泄露，一概处死。从此，始皇的居处没有人能知道。

可是，始皇的极权统治也使卢生这些求长生不老药的人畏惧，纷纷逃去。

知道卢生等逃亡后，始皇大怒，认为为了求仙药，已经花费了许多钱财，不仅没有求得仙药，还受这些人毁谤，非给予严惩不可。于是，下令追索批评政府的读书人。

最后，始皇终于亲自启程去求仙药，李斯随侍，始皇帝幼子胡亥也请求随行，获得了许可。

一行人沿着海岸从南向北而行。途中遇到了徐市，徐市因求仙药好几年，始终没有找到，而且花费不少，深恐始皇帝怪罪，便诈报说：

"蓬莱仙药本来可以求得，只因受大鲛的阻挠，才没办法得到，请陛下派一个善射的人跟我一起去求药，这样看到大鲛先予射杀，仙药就可得到了。"

这时候，刚好始皇也梦见与大鲛鱼战斗，更相信徐市的话。

可是，仙药还没有找到，始皇已在平原津（山东平原县）得病。因为始皇非常讨厌"死"字，群臣都不敢说到死的事情。他的病越来越沉重。知道死期已近后，始皇写一封遗书给长子扶苏，书中说："速回咸阳，主持我的葬礼！"

意思是要扶苏回咸阳继位为帝。

遗书封好后，交给宦官赵高，但赵高并未交给使者送到戍守北疆的扶苏那里。

始皇帝于前210年7月，死于沙丘平台（今河北广宗县境内），享年五十岁。

丞相李斯怕皇帝逝世于外，会引起始皇诸子及以前的诸侯叛变，遂秘不发丧，并且把装皇帝遗体的棺材放在辒辌（wēn liáng）车（可躺卧，四面有窗口的车子）中，每天照样由宦官送进食物；百官上奏，则由宦官从辒辌车中传达皇帝意旨。当时知道始皇已死的除李斯、赵高和胡亥之外，只有五六个皇帝信任的宦官。

一行人急急忙忙取道赶回咸阳。路上刚好碰到天气酷热，尸体从辒辌车中发出了臭味，于是假借皇帝的命令，叫随行的车辆各载一石（约三十公斤）鱼干，想借鱼腥味来掩饰尸体的臭味。

回到咸阳，才发布始皇的死讯。

6. 伪诏立胡亥

秦始皇去世后，继位的不是长子扶苏，而是幼子胡亥。阴谋进行此一计划的是宦官赵高。赵高因曾教导胡亥读书和法律方面的事情，跟胡亥很亲近，也很喜欢胡亥。如果胡亥继位为帝，自己就可掌握政权。因此，始皇遗诏由扶苏继位时，他把诏书扣下，并对胡亥说：

"皇上去世时，只给长子诏书，而没有分封诸子的诏书。如果长子到了咸阳，继位为帝，而你没有一点领地，怎么办？"

"这是理所当然，父亲要立大哥，做弟弟的只有服从。"

"错了！现在天下大权完全由你、我和丞相李斯三个人来决定，不知道你有没有意思？"

"那怎么可以，废兄立弟，不合道理；不遵守父亲的遗命，是不孝。做出不合道理又不孝的事，天下会不服，会危害到国家。"

"你要知道，做皇帝和做臣子可完全不同，做皇帝的控制人，做臣子的被人控制。如果你不赶快下决心，一旦做了臣子，再后悔就来不及了。"

胡亥听赵高这么说，沉默了一会儿，回道："现在还没回到咸阳，怎好对丞相说！"

"一切要迅速，绝不能迟疑，迟疑就会有后患！"

"既然如此，就一切麻烦你了。"

"不过，此事一定要跟丞相商量，否则不容易成功。我这就找李斯去！"

赵高见了李斯，说道："陛下给扶苏的遗诏还在我这里，还没送出去。现在要立谁为太子，全凭我们两个人来决定。你认为应该怎么办才好。"

照理，遗诏应该立刻就发出去，而今赵高竟然来问自己要怎么处理，他的用意不是很明显吗？李斯不由得吓了一大跳：

"你说什么！做臣子的怎能干预！"

"你认为你的功勋赶得上蒙恬吗？你的智能比得上蒙恬吗？你与蒙恬谁比较能得天下人的好感？你与蒙恬谁比较能获得扶苏的信任？"

"这些我都不如蒙恬。你为什么要用这些来责备我呢？"

"你最好仔细想想。皇帝有二十多个儿子，你都认识。扶苏为人豪迈果断，相信人，人也愿意为他所用。他一旦即位，一定会用他亲信的蒙恬做丞相，你只好罢官回乡，甚至会遭诛杀呢！而胡亥为人仁慈、谦虚，能敬重贤能之士，最适于立为太子。"

"你最好别乱说，我李斯只有遵从皇上的命令，其他一切全听凭天命！"

赵高仍不死心，继续游说李斯：

"你高居丞相之职，如果我们合作，绝对不会失败。这样你可以永远保你的地位，平平安安过日子，子孙也可以永久繁荣下去。要是不走这条路，丞相做不成，还可能遭遇诛杀，子孙也难保。还是聪明点吧！"

"唉，在这动乱的年头，要怎样才能不死呢？"李斯仰天长叹，垂泪说道。

赵高得到李斯的同意，立刻撕去原有的遗诏，另写假的诏书派使者送给扶苏，诏书上说："立胡亥为太子。扶苏在外十多年，没有一点功劳，又常毁谤朕未先立为太子，日夜怨望，为人不忠不孝，送你一把剑，尽快自刎而死！"

扶苏接获诏书，展开一读，立刻哭起来，走进内室自杀而死。

于是，胡亥回咸阳后，继位为二世皇帝，年二十一岁。赵高就任郎中令（侍卫长），得二世信任，掌握实权。

一天，二世悄悄把赵高叫来，跟他商量道："我刚即位，大臣不服从。官吏也指挥不动，认为我幼小，都瞧不起我。哥哥们都窥伺帝位，意图跟我争夺，你说该怎么办？"

"其实，臣老早就想说，只是不敢说而已。先帝的大臣都是累代有功的人员。而我出身低贱，承蒙陛下拔擢，居高位，掌管宫中的事情。大臣们心里都不高兴，只是表面唯唯诺诺而已。现在，陛下刚即位，非彻底压制不满陛下的人不可。否则无法树立陛下的权威。"

二世听从赵高的意见，遂罗织罪名，接连杀了好些大臣以及自己的兄长。这一来，人们都畏惧万分，高官显要为了保持自己的地位都静默不言；老百姓也人人心寒胆战，不知道什么时候会有横祸飞来。

二世即位后几个月，说道："先帝因为咸阳宫廷太小，才营建阿房宫。阿房宫还没完成，先帝已去世。郦山陵墓已完成，阿房宫却未继续兴建，这无异说先帝的所作所为有所不当。"

于是，二世又征集数万民夫，继续营建阿房宫。

为了防御边境上的外族，他仍然承继始皇的政策，征调五万人屯驻咸阳，教授骑马射击之术。人员与军马众多，粮食不足，便下令各郡县输送粮食到咸阳，担任输送的人员必须自备粮食。而且咸阳三百里内的人民都不许食用自耕的粮食，必须一概输送到咸阳，法令也越来越苛刻。

这时候，负责到都城戍守的陈胜首先在楚地造反，自称"楚王"。山东各郡县也因反对秦的严刑峻法，杀郡守、郡尉、县令起来造反，响应陈胜。反秦的军队合流，向西攻秦。

当时，到东方去视察的秦吏回来后，向二世报告说："现在，东方反对势力强大，已向都城进军，请陛下定夺。"

"胡说，你想以乱事来蛊惑老百姓！来人啊！把他拉下去，关起来！"

接着又有一个使者来到，二世问："有人说，东方造反势力强大，正向都城开来，是不是真的？"

使者回答："没有人敢造反，只是一些强盗在扰乱治安，幸赖得陛下恩威，这些强盗已全部被郡守、郡尉逮捕，不足为忧。"

二世听了非常高兴。

事实上，东方赵、魏、齐的后裔均已自立为王，刘邦在沛县举兵，项梁在会稽郡兴兵反秦，天下已大乱。

7. 秦的灭亡

反秦的乱事逐渐扩大，二世却听信赵高之言，自居禁中，不理朝事，一切事务都由赵高处理，赵高已完全掌握政权。但赵高还畏惧李斯，势必除去李斯才能安心，而李斯身居丞相之职，对乱事的扩大深以为忧。

一天，赵高去见李斯，说："关东一带乱事已经越来越扩大，皇上还汲汲于兴建阿房宫，群臣又不敢进谏，而我地位低微，无法进谏，此事只有靠您来说了，您为何不说呢？"

"我老早就想说了，只是皇上不上朝廷，想说话也不可能。"

"你要是肯进谏，我会找机会替您安排。"

于是，赵高利用二世宴会的时候，通知李斯说："皇上现在有空可以进谏。"

李斯不知内情，到宫门要求晋见。二世正在行乐，李斯却一再要求晋见，二世生气地说：

"我平时空闲得很，丞相偏不来。我正在宴会享乐的时候，却一再要求晋见，简直不懂礼仪！真可恨！"

赵高乘机说道：

"实在很危险！沙丘之事，丞相也参与其中，陛下不封他为王，他已很不高兴。陛下没问我，我也不好说，其实丞相的儿子李由跟陈胜等盗匪颇有来往。因为不知详情，所以不敢向陛下奏报。丞相主理朝事，权力比陛下还要大。"

二世觉得赵高说得有道理，对李斯已颇有成见。这时，李斯跟其他大臣联合劝谏二世："关东地方，乱事不断发生，朝廷军队虽然征讨颇有成效，可是，戍边、输送等使老百姓颇为不满，赋税也比以前沉重，请陛下停止阿房宫的工事，减轻兵役和劳役，以缓和百姓不稳的情绪。"

二世听了更加恼火："先帝统一天下，外攘四夷，国内才得安定，所以兴建阿房宫，以表彰先帝的功业，我只不过继承先帝的遗志而已，这点你们应该早已知道。朕在位两年，群盗并起，你们不能平定，却要朕停止先帝的事业，这怎么对得起先帝？你们目中无朕，不为朕分劳，还要尸守其位做什么？"

于是下令逮捕李斯等人下牢。李斯在牢里虽然上书劝谏，终究没有效果，最后和儿子一起被处死刑。

李斯死后，赵高升任丞相。乱事不断扩大，二世虽听从章邯意见，大赦天下，并将郦山工人武装起来，由章邯率领攻打乱军。起先战事虽有利于章邯，但在项羽的攻打下，开始后退。章邯不得已派遣使者赴都城请求救兵，赵高既不接见，也不相信。使者逃回章邯营后，对章邯说："赵高掌握政治大权，将军有功也难免一死，无功就更不用说了。"

章邯听了以后，已经胆寒，再加以项羽猛攻秦军，秦军大败，章邯畏罪，投降诸侯军。

赵高仍然一再向二世报告说："关东的盗贼毫不足畏！"

事实上，燕、赵、齐、楚、韩、魏六国已纷纷宣布独立，并且自立为王。秦所统治的区域只限于咸阳一带。这时，刘邦也私自遣使告诉赵高说："如果你叛秦投入我军，秦灭后，立你为王。"

其实，赵高早已有为王的意思，怕秦臣不肯听从自己的命令，曾经设计考验群臣。一天，他带了一只鹿送给二世，说："这是马。"

二世笑道："丞相，你说错了吧！怎么指鹿为马呢？"

于是，二世问左右："是鹿？还是马？"

有的静默不言，有的顺从赵高，回说："是鹿。"有的老实说："是马。"于是赵高暗中整肃那些说老实话的人。从此，朝中大臣莫不畏惧赵高。

但是，叛乱的实情终于逐渐传入二世耳中。赵高怕二世生气，杀害自己，便称病不去朝见二世，同时把女婿咸阳令阎乐、弟弟郎中令赵成叫来，说：

"现在皇上已不听我的话，事态非常紧急，恐怕会危害到我们大家。我想另立二世哥哥的儿子子婴为帝。赵成啊，你利用郎中令的职位，伪称有强盗进入宫中，要求阎乐带兵入宫，事必能成。"

阎乐和赵成按计而行。到了发动政变的那一天，赵成果然伪称强盗入宫，阎乐率军进入宫中，直趋二世房间。二世大怒，招呼左右人员，左右人员都畏惧不前。只有一个宦官一直待在二世身旁，不敢离开。二世问他："你为什么不早把真相告诉我？如果你早说，事情也不至于发展到这地步。"

"因为我什么都不说，才能活到今天。如果我说了，老早就没命了，怎能活到现在？"

这个宦官刚说完话，阎乐已走到二世跟前，指着二世骂道："你这家伙骄纵无赖，滥杀无辜，现在天下所有的人都非常痛恨你，你还是快点自我了断吧！"

"能不能让我见丞相赵高一面？"

"不可以。"

"我希望能得到一郡土地，降位为王。"

"哈哈，你还在做梦！"

"那么，给我一万户，让我做个万户侯。"

"你倒想得美！"

"既如此，就让我跟妻子做个平平凡凡的老百姓吧。"

"老实告诉你这不知天高地厚的家伙，我是奉丞相之命，为天下老百姓来杀你的。少啰唆，你再不赶快了断，我怎么回去报告丞相？"

"唉，想不到丞相竟然这样对付我。"

"少啰唆！"阎乐挥兵逼近，二世只得自杀。

二世死后，赵高立刻召集大臣和公子，声称二世已死，由子婴继位为帝。

但是，子婴怕赵高加害自己，和自己的儿子商量，想先下手杀赵高。子婴伪称生病，不能上朝。赵高果然来探望，子婴把赵高叫到内室。赵高一走近内室，就被左右伏兵杀死。

子婴在位四十六日，刘邦军队已逼近咸阳，秦军毫无斗志。子婴穿着丧服，颈上套着绳子，向刘邦投降。秦始皇去世后，仅仅三年，秦就灭亡了。

第五章　刘邦与项羽

——《陈涉世家》、《项羽本纪》、《高祖本纪》、《黥布列传》、《留侯世家》

秦始皇以严刑峻法统治天下，造成人民的恐惧与不满。二世不仅没有缓和始皇帝的政策，反而变本加厉，刑罚与劳役更加严苛，终于激起民变。

民变发生后，二世与当政的赵高都不以为意，低估了民变所蕴发出来的力量。想不到民变一起就导致全国性的动乱，六国诸侯的后裔纷纷自立为王，中国再度陷入分崩离析的局面。

民变是由平民陈胜、吴广发动，可以说陈胜、吴广点燃了反秦的火种。火种一扩大，就成燎原之势，各地英雄纷纷揭竿而起。在这些反秦英雄中，最值得注意的是项羽和刘邦。本章先谈陈胜、吴广的起兵过程，然后再叙述项羽和刘邦如何兴兵抗秦。

1. 陈胜起兵

陈胜和吴广在秦二世元年（前209）七月起兵反秦。他们两人都是贫穷的农民。

陈胜年轻时，曾被人雇用去种田。种田小憩时，他坐在田垄上，对身旁的雇工说："我现在虽然被人雇来种田，有朝一日，发达富贵，我一定不会忘记你。"

同是替人种田的伙伴笑着说："唉，我们替人种田的，哪有富贵的一天？"

陈胜叹息说："唉，小小的燕子和麻雀，怎会知道鸿雁和鸿鹄这类大鸟的志向呢？"

陈胜虽然有鸿鹄的志向，但他还是一直过着贫穷的生活。到秦二世元年七月，陈胜和吴广被征调到北方去戍守边疆，跟九百名士兵走到大泽乡（今安徽宿州市）时，遇到豪雨，道路不通，势必无法准时抵达戍守的地方。依照当时秦朝的法令规定，无法在指定时间到达指定的地方，一概处斩。

陈胜和吴广私下商量道："在这样的大雨下，我们势必无法准时抵达，只有死路一条。"

"那该怎么办呢？"吴广问。

"目前，即使逃走，也会被逮捕处死，如果造反，也同样是死。与其误期而死、逃亡而死，倒不如造反而死。"陈胜说。

"只有我们两个怎么造反？"

"在秦的暴政下，人们已经苦不堪言。据说，二世是幼子，在继承法上是不能继位为帝的。继位的应该是长子扶苏。扶苏因为常常劝告始皇帝多照顾天下老百姓，惹得始皇帝大怒，才被调到北疆去镇守。二世为了皇位，故意把他杀了。老百姓都知道扶苏聪明贤能，却不知道他已被杀。项燕是楚国将领，功勋厥伟，而且爱护士兵，楚人都很敬仰他。现在有人说他已经去世，有人说他已逃亡藏匿起来。我们可以假借扶苏和项燕的名义，先起来造反，一定会有很多人响应。"

"不错，不错，就这么办！"

于是，陈胜和吴广去找人卜卦。卜卦的人说："你们所问的事都会成功，你们所卜得的是鬼。"

陈胜和吴广听了非常高兴，但不知道所谓"鬼"的意思。他们思之再三，忽有所悟："那是要我们先假借鬼神来服众。"

他们用朱笔在帛上写了"陈胜王"三个字，放在鱼腹里。同队的士卒买鱼烹食的时候，看到了鱼腹中的帛书，都觉得很奇怪。

接着又悄悄叫吴广到附近的狐鸣祠，在三更半夜时，燃起篝火伪装狐狸的声音唤道："大楚兴，陈胜王！"

士卒们听到这呼唤声，都非常害怕、讶异。第二天早上，士卒们彼此传述昨晚听到的声音，而且各人都偷偷用眼睛望着陈胜。

吴广向来与士卒们很亲近，士卒们也有许多很听他的话，为了激起士卒们同仇敌忾之心，吴广故意在将尉（九百士卒的领导者）喝醉的时候，不时提到逃亡的事，借以刺激将尉，让他侮辱自己，以激怒士卒。

将尉果然中计，把吴广按在地下，用鞭子抽打，然后拔剑砍吴广，吴广跃起夺剑，在陈胜的帮助下杀了将尉。陈胜、吴广杀了将尉之后，向士卒说：

"我们大家奉命到北方戍守，不幸遇到了这场大雨，道路阻隔，势必无法如期到达。不能如期到达，依法令应该处死。即使得免于死，在戍守中也难免一死，因为到北边戍守的人，有一大半无法平安回乡。大丈夫不死则已，要死也该死得其所。死而能扬名于世，才算死得其所。王侯将相怎能由某一些固定的人独占，有办法的人都有做王侯将相的资格。大家起来吧！让我们死得有价值！"

"起来！起来！我们大家一起行动！"士卒们大声呼唤。

陈胜获得士卒支持后，以扶苏与项燕之名号召群众，自立为将军；吴广任都尉。陈胜率领九百士卒攻打大泽乡。攻陷大泽乡，即率军东征，连战皆捷，终于攻入陈（河南淮阳县附近）。入陈时，陈胜军队像雪球一样，越滚越大，已有车六七百乘，骑兵千余，士卒好几万人。

入陈后过了几天，陈胜召集三老（乡的领导者）、豪杰会谈。三老、豪杰都说："将军身穿胄甲，拿起武器，征伐无道，诛杀暴秦，重新建立楚国，应该立为王。"

陈胜顺从三老、豪杰的意思，立为王，国号为"张楚"。"张楚"就是张大楚国的意思。吴广则被任命为"假王"。

这时候，全国各地由于长期忍受秦的苛政，人民内心积郁酝酿已久，陈胜一起，各郡守纷纷响应，杀秦郡守、县令，与陈胜呼应。

于是陈胜派假王吴广率军攻打李斯儿子李由据守的荥阳（河南荥阳），却久攻不下。

另一方面，陈胜派到各地的将领也纷纷立六国诸侯的后裔或将军为王。陈胜并没有把乱军完全组织起来，统一在自己的领导之下。

陈胜被推举为王之后，也逐渐忘记了以前做雇工时所说的话："如果富贵，不会忘记你！"

以前跟他一齐被雇种田的旧交来到陈，要见陈胜。到了宫门，这旧交对守卫说："我要见陈胜！"

守卫长要逮捕他，他一再陈述他跟陈胜以前的朋友关系。守卫长仍然不肯替他通报。

刚好陈胜走出来，这旧交拦路叫道："喂，陈胜，是我啊！"

陈胜听到声音，注目一看："哎呀，是你啊，想不到你也来了。"

陈胜让朋友坐上车，走回宫中。朋友看到宫殿华丽，帷帐物品众多，不由得称赞道："呵，了不起！了不起！陈胜，你做了王，宫廷可真雄伟深邃呀！想不到你以前的豪语竟然有了着落，了不起！"

"你那时还小看我，要我安分守己，别作非分之想哩。"陈胜微笑。

"哎，真是燕雀安知鸿鹄之志！了不起，真为你高兴。"

"那也没什么。以后请常来这儿坐坐。"

朋友告辞，走出宫门，内心不禁觉得高兴。从此一再出入陈胜宫门。

朋友也因陈胜而得意，遇到人便说他跟陈胜在乡下做工的情形以及彼此间的交情。于是，有人对陈胜说："客人愚昧无知，常常胡说八道，会使大王的威信低落。"

陈胜觉得很有道理，便叫人把这朋友杀了。于是，以前的故旧纷纷离他而去，再没有可信任的人。

在这期间，吴广久攻荥阳不下，被人矫陈胜之命杀害。秦将章邯进攻陈。陈胜军败，被御者杀害。

陈胜、吴广起兵前后六个月就败亡。但是，因为他们登高一呼，反秦军纷纷而起。在这时候，项羽和刘邦也和他们呼应，起兵反秦。

2. 项羽反秦

项羽的祖父是项燕。王翦率军平楚时，项燕被围逼而死，而项家世世代代都出仕战国时代的楚国，做楚将。楚国的灭亡和项燕的死，使秦变成了项家的仇敌。

项羽少年时，学读书写字，总是学不成，又去学剑术，同样没有结果。四叔项梁看他这样差劲，不禁生气："你怎么搞的，学什么都学不来！"

"四叔啊，你不要生气嘛。说实在，读书写字只要能写自己的姓名就够了；学剑嘛，剑只能跟一个人对拼，没意思。我要学可以抵挡一万人的方法。"

"好吧，你既有此心，我就教你这种方法。"于是项梁教项羽兵法。

"哇！真有趣！"

项羽学兵法，学得津津有味，但只懂了大概的意思，就不肯再多学。

项梁是下相（江苏徐州附近）人，曾因案被逮捕，后经人说情，才得释放。后来又杀了人，怕仇人追杀，跟项羽一起逃到吴中（今江苏苏州）。

在吴中时，项梁深受吴中有力人士欣赏，被推举为领袖。吴中有任何徭役或丧葬之事，项梁都接下来，一手包办，然后暗地利用兵法调度有力人士的宾客和子弟，暗中观察、了解他们每个人不同的能力。

大约就在这个时候，秦始皇也到吴中一带巡视。项梁与项羽知道这消息，便去参观。项羽看了说道：

"呵，这个人我可以取而代之……"

项梁吓了一跳，立刻用手捂住项羽的嘴：

"不要乱说。你要让我们一族人都被杀啊！"

不过，项梁从此对项羽特别看待，认为他不是一个平平凡凡的人。

项羽身高八尺余（约现在的六尺四五寸），力大无穷。能举起鼎，而且才气纵横，有两个瞳仁。吴中的年轻人都怕他三分。

陈胜起兵后两个月的某一天，会稽守殷通把项梁叫来，相对而坐后，殷通说：

"现在江北一带反秦的行动已如火如荼展开，这是上天灭秦的征兆。有人说先举兵的人可以控制人，后起兵的被人所控制，所以我想起兵响应陈王，任命你和桓楚为将军，不知你的意见怎么样？"

可是，桓楚正因案逃亡，所以项梁想了一下，说道：

"目前，桓楚不知逃到哪里，只有我侄儿项羽知道，我去把他叫来。"

项梁离开衙门，找到项羽，暗中跟他说了一些话，然后带着项羽到衙门，要他提剑在门外等待。

项梁走进衙门，与殷通就座后，项梁说："我已经把项羽找来，正在门外候传。请召他进来，命令他去找桓楚。"

"好，叫他进来！"

项梁把项羽叫进来，过了一会儿，项梁回视项羽说："可以啦！"

项羽一听，立刻拔剑砍下会稽守的首级。项梁拿了会稽守的印绶，提着殷通的首级走出来。

衙门内立刻大乱，衙吏举刀攻击项梁和项羽，项羽砍倒了近百人，衙吏才震慑投降。于是，项梁召集该地的有力人士，说明起兵反秦的理由，要求他们合作。于是，项梁率领吴中士卒起事。

接着派人到会稽郡所属各县，纠集强壮有力的年轻人，组成强大部队。项梁自任会稽守，项羽为副将，并令吴中豪杰分任各级指挥官。这时候，有一年轻人没有分配到指挥权，便亲自去见项梁，问及此事，项梁说："前些日子，办理某人丧事时，曾请你主持一项工作，你没有办好，所以知道你的能力，不用你就是这个缘故。"

大家听了都心服口服。

陈胜败死后，项梁和项羽率领八千人渡过长江，向西而行，快到东阳的时候，听说陈婴率领的叛军已攻下东阳（安徽天长），便遣使要求陈婴联合率兵西征。

陈婴本是东阳的下级官吏，为人谨慎诚实，深获县民拥戴。东阳数千少年杀了县令，却找不到领导人物，便请陈婴做他们的领导者。陈婴不肯，这些少年硬立他为领袖，东阳县附合的有二万人，接着又要立陈婴为王，独树一帜，以青苍色的头巾裹头，号称"苍头军"。

陈婴的母亲看到这种情形，对陈婴说：

"自我嫁到你家来，不曾听说你家出过身任高官的人，一直都过着平民的生活。现在突然做了王，名气太大，很危险。倒不如身居人下，事成了可以封侯，即使失败也容易逃亡，不致引人注目。"

听母亲这样说，陈婴就打消了做王的意思，刚好又碰到项梁遣使要求联盟，于是召集部属，说道：

"项家世世代代都做楚国的将领，在楚非常有名。要大事有所成，非有适当的人领导不可。我们如果能够跟名门大家合作，一定可以灭秦。"

大家都同意陈婴的看法，陈婴军于是并入项梁军。

项梁军跟陈婴军合并后，渡过淮水，到了下邳（江苏徐州东），英布（黥布）和蒲将军也率军来投效。

蒲将军，只知他姓蒲，不知叫什么名字，如何起兵反秦也不清楚。英布本是平民，年少时，曾有相士相他，认为他会受刑而称王。长大后，果然受刑黥面，他却满不在乎地说："有人相我，说我会受刑而称王，现在似乎已经相当接近了。"

人们听了都嘲笑他。秦始皇建郦山陵的时候，英布因是罪犯被调去服劳役。他常跟几十万名服劳役者当中的小头目结交，最后带着他们逃到长江中去做海盗。陈胜起兵时，英布聚众叛秦。陈胜败死，英布引兵北上，大破秦军，陈婴投效项梁，他也引兵投效。

项梁纠集陈婴军、英布军西向到薛（今山东滕州），听说陈胜已死，便邀请各路将领到薛开会。这时，刘邦听说项梁在薛，也从沛县（今江苏沛县）率领一百多人来会。项梁给他五千兵，他也归项梁统治。

这时候，居鄛（今安徽巢湖市）人范增来见项梁。范增年纪已七十岁，一直都住在家里，不过他常有出人意表的计策。见到项梁时，他说：

"陈胜举兵反秦，本来是合情合理的，但是我老早已料定他会失败。秦灭六国，楚最冤枉，楚怀王到秦国去，无缘无故被扣留，死在秦地，到现在楚人都还很怀念他，因而楚地有人预言说：'楚国即使没落到只有三户，也仍然会灭秦。'陈胜虽然首倡义举，却不能掌握楚人怀念楚怀王的心理，不立楚王后代，反而自立为王，势必无法长久维系下去。你从长江一带起兵后，楚地各处的反秦部队都来投效你，正是因为你家世世代代都担任楚国的将军，希望你能复兴楚国，立楚王后代为王。"

"对，对，我懂啦！"项梁颔首称是。

于是，项梁派人四处寻找楚王的后代，终于在牧羊人中找到了楚怀王的孙子，名叫熊心，奉为楚王，并依循民众的心理，仍旧号称"楚怀王"，定都于盱台（xū yí，江苏盱眙），任命忠厚的陈婴担任上柱国之职。项梁自称武信君。

3. 刘邦造反

项梁在薛召集会议时，刘邦也率军来参加。

刘邦是沛县丰邑（今江苏丰县）人，出身农家，父亲叫太公，母亲叫刘媪。

关于刘邦的诞生，有这样一段故事。一天，刘媪在大湖边休憩，蒙蒙眬眬中做了一场梦，梦见与龙神交合。这时，雷电交加，天昏地暗，太公担心妻子，出门寻找，看见一条蛟龙伏在刘媪身上。不久，刘媪就知道自己有了身孕，生下来的就是刘邦。

刘邦，鼻子高挺，容貌像龙，有漂亮的长胡子，左腿有七十二颗痣，为人豁达不拘小节。虽然出身农家，却不事生产，好逸恶劳，到壮年时，出任泗上亭长。当时，每十里设一亭，亭设亭长和亭卒，亭长有行政权，并负责地方治安。换言之，刘邦的职位相当于现在的村长、乡长。

自担任亭长后，刘邦不仅瞧不起县吏，而且喜欢酒色。常到王婆婆和武婆婆的酒店赊买酒喝。喝醉躺下时，武婆婆和王婆婆常看见有龙出现在刘邦身上，觉得很奇怪，而且，每次来买酒，酒店的生意就比平日好上几倍。待看到龙出现刘邦身上的怪事以后，到岁末结账，这两家酒店不仅不收酒账，还把刘邦平日借的钱也勾销了。

刘邦曾以亭长的身份到咸阳去监工。监工时，他常犯禁偷看秦始皇出巡的豪华行列，不禁叹息道："唉，大丈夫就应该这样呀！"

项羽看到始皇行列，却说："可以取而代之。"

从这里也可表现出项羽和刘邦性格的不同。

离沛县不远的地方，有一叫单父（今山东单县）的县。县里住着一个不知其名，只知姓吕的老先生，大家都叫他吕公。

吕公跟沛县县令很要好，曾因案避仇，逃到沛县县令家作客，因此也就定居沛县。沛县的有力人士跟下级官吏知道有县令看重的客人，都来祝贺。当时，萧何担任县令的秘书，替县令收贺礼，一面说道："贺礼超过一千钱的坐在堂上，不满一千钱的坐在堂下！"

刘邦虽然只做个小小的亭长，但是一向瞧不起其他县衙里的官吏，这次他也来送礼，在贺单上写着："送贺礼一万钱。"

其实，他一毛钱也没带。

贺单送入内室，吕公一看，不禁大吃一惊："哎呀，贺礼一万，数目太大了，不出去迎接，就是我无礼。"

吕公赶忙站起来，到门口去迎接。看到刘邦，吕公更加吃惊。吕公擅长看相，看了刘邦相貌，便恭恭敬敬把刘邦接进内室。萧何悄悄对吕公说："刘邦这家伙喜欢吹牛，很少做正经事，可别受骗！"

刘邦向来目中无人，大剌剌坐在上座，一点也不觉难为情。

酒过三巡，吕公用目光示意，要刘邦宴后留下来。宴会结束，吕公送完客，便对独个儿留下来的刘邦说：

"我年轻时就喜欢相人术，相过的人已经相当多，没有一个赶得上你，请多珍重。我有一个女儿，愿意给你做妻子，不知你有没有意思。"

"谢谢，在下愿娶她为妇！"

刘邦告辞回去后，吕公把女儿许配刘邦的事告诉了妻子，吕媪生气地说：

"你一直把女儿当宝一样看待，要嫁给名门大家。沛县县令要娶女儿，你都不肯，怎么糊里糊涂许配给刘邦！"

"你们妇人懂得什么？"

吕公不理吕媪唠叨，毅然决然把女儿嫁给了近乎无赖的刘邦。吕公的女儿，名叫雉，就是以后最会吃醋的吕皇后。

吕雉婚后生下一男一女，男的叫刘盈，就是以后的孝惠帝。女的就是以后的鲁元公主。

刘邦做亭长时，告假回乡。吕雉和两个孩子在田里割草，有一老人经过，问道："能不能给我一杯水？"

吕雉不仅给他水，还给他饭吃。老人吃饭时，凝视吕雉的脸说："你以后必定大富大贵。"

吕雉立刻请老人也相相两个孩子。老人望着刘盈说："太太，你所以会富贵，就是因为这个孩子。"

接着又相鲁元："小姐也是富贵之人。"

吕雉听了内心欣喜无比。

老人离去后，刘邦刚好从附近的屋子走出来。吕雉告诉他："刚才有一个老人从这儿经过，看了我和孩子的相貌，说我们是大贵之相。"

刘邦心里一动："走多久啦？"

"刚走不久。"

刘邦急忙向老人去的方向奔驰，不久就赶上老人，问道："老丈，你刚才替内人和孩子看相，说他们都会大贵，不知在下如何？"

"太太和孩子都像你，你贵不可言。"

刘邦听了大乐，致谢道："果真如老丈所说那样，我一定不忘今日之恩。"

刘邦虽然将来贵不可言，但这时候仍然是个亭长，必须以亭长的身份送县里的囚徒到郦山去为秦始皇筑陵。但是，无能的刘邦控制不住囚徒。囚徒沿路纷纷逃亡。刘邦内心不由慌张，想道："一路上，这样东逃一个西跑一个，到目的地势必都逃光了。逃光了，我这条命也保不住了。"

想着想着，他们已走到丰县西边的泽地，刘邦下令停下休息喝酒。天黑后，刘邦释放了所有的囚徒说："你们逃吧，我也要走啦。"

囚徒中有十多人愿随刘邦一起逃亡。当晚，刘邦他们喝了许多酒，经过泽地小径时，叫一个同逃的人在前面先行。这个人不久就回报说："前面有一条大蛇挡路，还是回头走吧？"

刘邦醉眼蒙眬："怕什么！我是一个勇敢的人，绝不怕！"

说了大话，不往前走也不行，刘邦虽然心寒，也只得鼓起勇气，独自往前冲，走了一会儿，果然看到一条大蛇挡在路上，刘邦也不禁吓了一跳，酒往上冲，迷迷糊糊拔剑往蛇砍去，蛇也迷迷糊糊被砍成两段。

刘邦走了几里路，醉倒在地。同行的人赶来，走到斩蛇的地方看到一个老婆婆哭得凄凉，便问道："老婆婆，你为什么哭？"

"有人杀了我儿子，我所以哭。"

"为什么被杀？"

"我的儿子是白帝之子，变成蛇，挡在路上，却被赤帝的儿子杀了，怎不悲伤呢？"

同行的人认为这老婆婆胡说八道，想用鞭子打她，她却忽然不见了。

同行的人走到刘邦那里，告诉他刚才的事。刘邦早已醒来，正在等他们，听了不由得心喜。原来，秦的正色是白，斩白蛇意指灭秦。

"原来斩蛇和灭秦有这么密切的关系。"

这么一想，刘邦大为得意，意气扬扬地细述斩蛇之事，当然其中不免有夸大的成分，因为刘邦本来就是一个喜欢吹牛的人。同行的人从此更畏惧他，成了他忠实的喽啰。

秦始皇常说："东方有天子气。"因而到东南巡视，意图借自己的天子气来压制另一股天子气。而刘邦自以为东南方的天子气应在自己身上，便躲藏在山里，别人都找不到。可是吕雉带人来找，一定可以找到。刘邦觉得很奇怪。问道："你怎么知道我在这里？"

"你所在的地方，顶上总是有云彩，所以知道你在什么地方。"

刘邦听了更高兴。沛县的年轻人知道这消息后，来投靠的更多了。

当然，这些事是真是假，不得而知，也可能是刘邦和吕雉两夫妇故意制造出来吸引人的。

不久，始皇帝去世，二世即位，陈胜、吴广的反秦运动也展开了。

各郡县纷纷杀郡守、县令，响应陈胜等。沛县县令害怕，想自动起兵反秦，以免被沛人杀害。属吏萧何和曹参说："你是秦的官吏，要率领沛县年轻人起事，恐怕不容易。何不召集逃亡的本县人呢？这样马上就可召集到几百人，用这几百人来号召群众，群众大概不会反对。"

县令接受了他们的意见，派樊哙去找刘邦。刘邦这时已是山贼的头领，部下有一百人左右。

樊哙带刘邦来的时候，沛县县令突然想到："糟糕，托庇山贼，岂不是把自己送入了虎口！"

这么一想，立即下令关闭城门，怀疑萧曹两人可能与刘邦勾结，就想杀害他们。萧、曹看到县令关闭城门，势必派人来杀自己，立即相约爬过城墙，投靠刘邦。

刘邦率领近百人跟樊哙到了沛县，看到城门已闭，萧、曹来投，知道县令已反悔，便在帛上写了号召起事的文字，用箭射入城里，上面写着：

"亲爱的父老：我们老百姓在秦的酷政下受苦，为时已经相当久了。如果你们一定要为县令守城，在诸侯纷纷起兵反秦的当儿，有朝一日难免要遭受屠城的命运。大家何不率领子弟起来杀县令，从子弟中选择有为的人做领袖，响应诸侯反秦的义举呢？这样，不仅可免父子被屠杀的命运，更可保全家庭的完整呀，起来吧，父老们！不要为县令白白牺牲众人的生命！"

沛县父老终于率领子弟起事，杀了县令，打开城门迎接刘邦进城。想立刘邦为新县令，刘邦推辞说：

"天下正在纷乱之中，各地有英雄豪杰起来反秦，如果推举的领袖不恰当，难免一败涂地。我并不是珍惜自己的生命，只怕能力不足，不能达到各位的期待。这种大事，最好推举更恰当的人。"

于是有人推举萧何和曹参，因为他们都是沛县的高级吏员，也得一般人的赏识。他们都是读书人，却已无战国时代读书人的豪气，珍爱生命，不愿居头领导，深怕举事不成，被秦灭族，宁愿龟缩在人家后面。他们拼命推举刘邦，众人只好再恳请刘邦，刘邦一再推辞。沛县父老最后说道：

"我们已经听了许多关于你的奇异事情，这正是你应该成为领导人的证据。刚才还下了卦，卦辞说，你出任领袖最为恰当。"

刘邦虽一再推辞，事实上心中早已愿意。刘邦终于做了沛县县令，称为沛公。

当天，刘邦率众祭神，击鼓竖立赤旗，因为杀白帝儿子的是赤帝的儿子，所以用红旗帜象征反秦的意志。

刘邦在萧何、曹参、樊哙的支持下，率领两三千沛县子弟攻占附近的郡县。占领砀（今安徽省砀山县）后，已拥有兵力万人。这时候，他听说项梁在薛召集反秦军将领，便率领百余人去参加会议。

4. 项羽掌握领导权

薛会议后，立楚怀王之孙为怀王，以复兴楚国为号召，开始分兵西进攻秦。

项梁自率领本部军队援救东阿（今山东东阿县），在东阿大破秦军；率军西向占领了定陶（今山东菏泽市定陶区），准备由此西进攻咸阳。

由项梁派出的项羽与刘邦的分支军队攻占城阳（今河南濮县东南），又向西进到了雍丘（今河南杞县），大败秦军，杀死了据守雍兵李斯的儿子李由，准备沿着黄河西向攻咸阳。

项梁听说项羽和刘邦已斩杀李由，觉得秦军已不堪一击，面有骄色。前楚国令尹（最高行政长官）宋义劝说：

"即使屡次战胜秦军，也不能轻慢骄傲。如果打了胜仗，将领就骄傲，士卒就怠惰松懈，下一场战争一定失败。现在士卒已经有点懈怠，而秦军虽败，兵员却一天天增加，我实在替你担心。"

项梁根本不听，派宋义出使齐国。

宋义启程后，在路上遇见了齐派来的使者高陵君显。宋义说："你要去见项梁吗？"

"是的。"

"依我看，项梁军免不了要被秦军打败。你慢慢走去，可免一死。如果赶着去见他，太早到了，那可危险。"

宋义的担心果然没错。秦兵一天天增加，开始攻击楚军，在定陶大败项梁军，项梁战死。项羽与刘邦也久战无功。

楚怀王听说项梁败死，大为害怕，从盱台迁到彭城（今江苏徐州市铜山区），亲自统率楚军。项羽与刘邦也回军守卫彭城。

这时，宋义路上遇见的齐使者高陵君显已至彭城，进谒楚怀王，说："我在路上遇见宋义，宋义说项梁的军队一定会打败仗。果然，过了没几天，就听说项梁战死的消息。还没交锋，就能预先看出败仗的征兆，宋义确实是一个懂得用兵的人。"

怀王听了立刻召见宋义。宋义向怀王陈述用兵之道，怀王颇为欣赏，随即任命宋义为上将军，统率诸军，又任命项羽为次将，范增为末将。

秦将章邯击败项梁军后，认为楚军已不足构成威胁，便领军北进攻打赵王歇。赵王歇也是反秦自立为王的。秦军围赵王于巨鹿（今河北巨鹿）。赵频频遣使向怀王求救。

楚怀王派宋义、项羽领军救赵；令刘邦率军向西进攻打咸阳。军队启程前，怀王把各路将领召集来，其中当然也包括项羽和刘邦，说道：

"我想在此跟各位约定，谁先入关中，占领秦都咸阳的，就让他在关中为王。"

项羽有意领军入关中，灭强秦替叔父报仇，怀王却派他随同宋义领军救赵。项羽本来不愿意，但转念一想杀叔父项梁的章邯军正在巨鹿，先破章邯，重振叔父声威，再入关中也不迟。

项羽和宋义领军行至安阳（今山东曹县东），宋义下令停止行军，驻留了四十六天，项羽等得心急如火，要求上将军宋义说：

"听说秦军已包围了巨鹿，现在应该赶快渡过黄河，袭击秦军，而由赵军从城内呼应，内外夹击，秦军必败！"

"你这样说就错了。俗语说，杀得了牛背上的牛虻（méng），也杀不了毛内的虮（jǐ）虱。也就是说，要灭秦，不必急于跟章邯战斗。现在章邯率军攻赵，我们何不让秦赵两军先打一打，如果秦胜赵，秦军必疲，我们再乘机攻打；如果秦败给赵，我们就不管它，直接领军西进，一定可以一下子攻下秦都。拿武器作战，我不如你；以战略决胜负，你不如我。"

说完话，便下令军中："凡是像老虎那样勇猛、像山羊那样凶狠、像狼那样贪婪，不听使唤的，一概处斩！"

这道命令无疑是针对项羽的。这时候，宋义又亲自送儿子宋襄到齐国去。走到无盐（今山东东平县东）这地方，他为儿子举行盛大的送别会。这天，天气严寒，又下大雨，士兵们都饥寒交迫。

项羽本来就非常生气，这时更怒气冲天：

"大家正合力攻秦，却偏偏停兵不进。今年天时不佳，军民没有东西吃，他却还在举行盛大的宴会。不渡河跟赵合力攻秦，还说什么等秦疲惫！以秦的强来攻新建的赵，怎有攻不克之理？攻破了赵，秦只有更强，哪会疲惫？而且，项梁军刚刚打败仗，怀王忐忑不安，才把全国军队交给他，可见这次救赵之战关系国家安危甚大，他却那样不体恤士卒，这么自私，怎能算是系国家安危于一身的大臣！"

项羽越想越气，第二天一大早就走进宋义帐篷，砍下宋义的头，下令说："宋义意图与齐勾结，背叛楚国，楚王命令我就地处决！"

将领们人人浑身战栗，不敢反抗，齐声说："最先复兴楚国的是你们项家，如今将军又处决了楚国的叛逆。"

于是，大家商议立项羽为临时上将军。项羽还派人赶到齐国杀了宋义的儿子宋襄。

知道这事件后，怀王只好封项羽为上将军，统率英布和蒲将军。从此项羽在楚的权威越来越大，在诸侯间的声望也逐渐提高。

项羽立即率领全军渡过黄河。一上岸，就下令把船击沉，把烧饭的用具捣碎，把军营烧掉，只准备三天的粮食，向全体士兵表示这次战役只有前进，绝无退路。

抵达巨鹿的楚军与章邯率领的秦军展开激烈的战斗。楚军九次交锋，终于截绝了秦军的补给路线，大败秦军。秦军将领有的战死，有的被俘虏，有的不愿投降，自焚而死。

当时，各地诸侯都派兵来支持巨鹿的赵王，但因秦军太强，都不敢跟秦军接触。项羽攻秦时，他们也只在旁边观战。楚军虽孤军作战，却人人勇敢向前，呼声震撼天地，在现场观战的诸侯军都战栗恐惧。

击垮秦军后，项羽召见各地诸侯军的将领。他们走过军门时，没有一个不跪着往前爬行，也没有一个敢抬头看项羽。从此，项羽成了诸侯的上将军，掌握了所有反秦军的领导权。

巨鹿之战后，项羽领军向西进攻，目标指向咸阳。途中，秦将章邯因害怕被秦二世诛杀，也向项羽投降。

5．刘邦先入咸阳

项羽在巨鹿与秦军作殊死战的时候，刘邦率领另一支军队向秦都咸阳进军。当时，秦军主力集中在巨鹿，而咸阳是秦都所在，地势险要，也不易攻击。如果不理章邯的秦军主力直接进攻咸阳，章邯军转头攻击，溃败的可能性极大。

因而怀王虽与诸将约定，先入关中的人做关中王，诸将都觉害怕，不愿意居先入关中。这时候，只有项羽和刘邦两个人愿意领军攻击关中。刘邦冒险心比较强，有赌徒心理，于是拿出了他在沛县愿居萧何先的精神，愿意领军西行。而项羽则基于为叔父报仇灭秦的情绪作用，也愿意领军攻咸阳。项羽和刘邦都愿承命，但是，谁为主，谁为副，却是一个问题，当然，在战略上，如果能牵制住巨鹿的秦军主力，入关灭秦比较容易。可是，让谁去牵制呢？这又是一个问题。

在这关键问题上，楚王的亲信说："项羽本性剽悍残酷，陷一城杀一城的民众，破一军杀尽一军的人。楚地的人都很骄傲，陈胜和项梁之败全是骄傲所致。现在，最好派一个比较忠厚的人，以正义之师向受苦的秦民呼吁，战胜的可能性比较大。项羽残忍剽悍，不能派他去；刘邦比较宽大仁慈，最好派他去。如果两个一起去，又怕会发生冲突。"

"可是，派刘邦，不派项羽，项羽可能不服气。"

"派刘邦攻秦的时候，可同时派项羽去救赵，同时也可借此牵制秦的主力军。"

"如果项羽不答应，要跟刘邦一起去，怎么办？项羽有大功，性格又激越啊。"

"项梁是为章邯所败而致死，可利用项羽激越的性格，激起他对章邯军的仇恨，他必愿意领军救赵。同时为了牵制章邯军，迅速达到灭秦的目标，可令宋义做主帅，节制项羽，以免项羽躁进。"

楚王听了频频颔首，便把项羽叫来，要他随宋义救赵。项羽不愿意，楚王对他说起项梁之死。项羽果然中计，答应随宋义救赵。

于是，楚军分两路，一向北救巨鹿。一向西攻咸阳。

刘邦领军西向经昌邑（今山东金乡附近），袭陈留，得秦积存的粮食。经荥阳（今河南荥阳西南），攻颍阳（今河南登封市西），屠城。又得张良的助力占领韩地的重要据点轘（huán）辕（今河南偃师东南）。刘邦军逐渐逼近洛阳。

从此，张良正式成为刘邦的谋臣军师。张良历代祖先都做韩的丞相。秦灭韩时，张良虽未在韩任官，却因父祖以上五代都做韩相，所以立志为韩报仇，他曾雇大力士在秦始皇东巡的时候，在博浪沙狙击始皇帝，没有成功。始皇帝四处搜索，张良只好逃亡，藏匿于下邳。

在下邳时，一天，张良在下邳桥上散步，一个穿粗布衣裳的老人家走过来，快到张良身旁时，所穿的鞋子掉落桥下，便回头对张良说："年轻人，下去捡鞋！"

口气非常无礼，张良吓了一跳，想走过去给他一拳，看他是个老人，便忍住气下去替他捡鞋。

"帮我穿上！"

既然捡了，就替他穿上吧！张良跪着替老人家穿上鞋。老人家穿了鞋，微笑而去。张良对他这种受之无愧的无礼行为更是吃惊，一直望着老人的背影。老人大约走了一里路，又走回来，对张良说："你这小伙子还不错，五天后黎明时，到这里来见我。"

张良觉得很奇怪，跪下说声："是！"

五天后黎明时，张良走到那桥上，老人已老早等在那里。

"和老年人相约见面，竟然迟到！"老人家倚老卖老生气地说。随即返身就走。"五天后早点儿来。"这老头的语气有点逼人。

过了五天，鸡刚鸣，张良就去了，想不到老人又先到，而且生气地说："五天后再来。"

第五天，还没到半夜，张良就到了桥上，不久老人也来了。

"应该这样！"老人家高兴地拿出一本书送给张良。"读了这本书，你就可以成为王者的老师。十三年后，我们再见。"说完话便离去。

这老人送的原来是一本兵法书，也就是周文王谋臣太公望吕尚的兵法书。张良觉得很奇怪，因而常常诵读。

张良在下邳常与任侠之士来往，也跟项伯交往。

陈胜起兵，张良也聚集了一百多个年轻人。不久，刘邦兴兵来攻下邳，张良军遂与刘邦军会合。

薛会议时，张良跟刘邦去见项梁。项梁立楚王，张良建议立韩成为韩王，项梁同意。张良受命去辅佐韩王，在韩地跟秦军周旋。到刘邦领命西征咸阳，由颍阳西进时，才与刘邦会合，占领轘辕。

但是，刘邦逼近洛阳，与秦军展开战斗，局面对刘邦不利。刘邦遂领军南下大败南阳郡（今河南南阳一带）的秦军。南阳郡守撤军回守郡都宛（今河南南阳），坚守不战。刘邦想放弃宛城，领军西进，张良说："我知道沛公急着想入关中。但是，秦还有许多军队，据守各处。现在不占领宛，宛从后面进攻，前面又有秦军，前后夹击对我军不利。"

刘邦听从了张良的意见，当晚从另一条路引军回来，更换旗帜，到天亮时，已包围宛城三圈。

南阳郡守看见刘邦军又有新的军队增援，料想无法反击，而想自杀。这时，郡守的宾客陈恢说："现在就死太早了。"

说完话便越城去见刘邦：

"我曾听说有先入咸阳可立为王的说法，将军一定想先入咸阳吧？可是现在却留在宛城，想极力攻打，这实在没有好处。宛是一个大城，民多粮足，如果让大家都以为投降必被杀，一定会拼命抵抗。这样您的军队会受到极大损伤，也无法先入咸阳。何不跟郡守相约，郡守投降，封他官职，留他守城。这样你引兵西行，沿途一定会有许多人投降。对将军来说，这可能是最好的办法，不知您的意见怎么样？"

"不错。"

于是封宛守为殷侯，赐陈恢千户。然后引兵西征，沿途许多城守都开门投降。刘邦军终于到达了进入关中的关口之一——武关。武关跟它北边的函谷关，两边都有高山，是一座易守难攻的关口。

逼近武关后，刘邦遣人赴关中，欲与赵高暗定瓜分关中的条约。使者还没到关中，便发生了秦将章邯引军投降项羽的事件，因章邯怀疑赵高不肯增援，有意要杀害自己。

为此，赵高设计杀了秦二世，叫人来见刘邦，想跟刘邦平分关中。刘邦以为其中有诈，想立即攻占武关，好进入关中。张良说：

"秦的势力还很大，不能轻视。据说，武关守将是屠夫的儿子，商人容易动之以利。您可留下不动，先派人准备好五万人的粮食，在各个山头插上更多的旗帜，然后派人带着珍宝去见守将。守将见兵多又有重宝，一定会叛秦跟我们一起西攻咸阳。"

刘邦听从张良的意见，派人去游说守将，守将果然叛秦想跟随刘邦行动。刘邦有意要接受，张良说："不可接受！这可能只是守将一个人想叛变，其他士卒未必肯遵从。如果士卒不从，那就非常危险。何不趁他们守将与士卒互相猜疑、分离的时候，引兵攻击？"

"说得好！"刘邦领首，下令攻击武关。占领武关后，一口气进入关中，向北行进，抵达了距离咸阳仅一百公里的蓝田（今陕西蓝田西）南边。

刘邦军插起许多旗帜，故布疑阵，同时禁止军队掠夺，因而秦地民众非常高兴，秦的军队也毫无斗志。刘邦利用这机会大破蓝田的秦军，乘胜往咸阳逼近。

汉元年（前206），刘邦比项羽及其他诸侯早到了咸阳附近的灞上（今陕西西安附近）。秦王子婴素车白马向刘邦投降，秦亡。

刘邦的将领中有人主张处死秦王子婴，刘邦说："楚王派我攻秦，而不派项羽，主要是因为我能够宽大对人，何况秦王已经投降，杀投降的人会带来不吉利，还是算了。"

于是把子婴交给官吏看管，自己率军进入咸阳。

刘邦走入秦王宫殿，看见宫室美轮美奂，帷帐华丽，又有珍贵的宝物和美丽的女人，好酒又好色的刘邦不禁心动不已，想留下不走。樊哙劝刘邦不要留恋宫室妇女，说："沛公您是想要天下？还是只想做大富翁？如果想要天下，应该赶快回灞上，不要留在宫中，因为这些华美的宫室帷帐和珍宝美女都是秦亡的主要原因。"

"我自从起兵两年以来，栉风沐雨，才到了这里。如果不在这里乐一乐，为何要这么辛苦？"刘邦不肯听樊哙的劝谏。

张良听刘邦这么说，便劝道："因为秦暴虐无道，沛公才能到这里。要为天下老百姓消灭凶暴极恶的人，自己就应以朴实为主。现在才刚刚进入咸阳，就要过安乐奢侈的生活，这无异于'助桀为虐'。俗语说：'良药苦口利于病，忠言逆耳利于行'，愿沛公能听从樊哙的意见。"

听自己的谋臣军师也这么说，再留恋秦宫的享受委实说不过去。于是刘邦下令把秦的珍宝财物锁在府库里，领军回灞上。

随后，刘邦邀集关中各县的父老与有力人士，说：

"长久以来，父老们都受秦严苛的法令所苦，毫无说话的自由，稍微批评国家的政策，一族人都要被杀头；两个人聚在一起说些话，就要被送到闹市处死。我跟诸侯约定，最先进入关中的做关中王。我最先进入关中，应该做关中王，所以跟父老约法三章：杀人的处死；伤害人的要受处罚；盗窃也要受罚。其余所有秦法一概废除。官吏和民众都照常做自己的事，过自己的生活。我到这里来是替你们除暴，不是来打扰你们，希望你们不要恐惧！我之所以把部队调回灞上，是等待诸侯来临，以便完成之前的约定。"

之后，刘邦命令部下跟秦吏到关中各地，把这通告告诉各地居民。关中的民众非常高兴，纷纷带着牛羊酒食来献，刘邦不肯接受："军粮还非常充裕，不劳各位！"

居民听了更加欢喜，刘邦的声望越来越高。

这时候，有人对刘邦说："关中比天下富裕十倍，而且地势险要。听说章邯投降，项羽封他做雍王，势必到关中来。如果来了，沛公恐怕无法拥有这块地方，最好赶快派兵守函谷关，不让项羽及其他诸侯进来，不妨稍微征调关中兵，来加强自己的实力，好跟他们对抗。"

刘邦颇以为然，立刻派兵固守函谷关。

6. 鸿门宴

项羽在巨鹿大败秦军，在洹水南边的殷墟安阳接受秦将章邯投降，而后一路从北向南平定各地秦军，进军到函谷关。看见有军队把关，进不了关；又听说刘邦已攻占咸阳，项羽不由得怒火中烧，命令英布攻击函谷关。

函谷关立刻被项羽军攻陷、占领，项羽驱军直抵鸿门。鸿门距咸阳只有几十公里。

这时候，刘邦军驻扎灞上与鸿门相距约二十公里。刘邦还没跟项羽见面，刘邦的部下曹无伤听说项羽大怒，正要攻击刘邦，为了讨好项羽，期得封土，悄悄派人告诉项羽说："刘邦想作关中王，用子婴作丞相，而且秦的珍宝已全入他手中。"

项羽听了怒上加怒："让士兵好好吃一顿，明天一早去击垮刘邦！"

这时候，在鸿门布阵的项羽军有四十万；在灞上驻守的刘邦军只有十万。刘邦必非项羽之敌。因而范增劝项羽说："刘邦在沛县时，喜好酒色。现在入关不取任何东西，不要任何女人，他的志向一定不小，应该赶快把他除掉，不然可要后悔！"

刘邦跟项羽的进军路线

—— 刘邦
----- 项羽

0 50 100 150km

项羽听曹无伤和范增这么说，便下令士卒好好休息，准备次日领军攻打刘邦。

项羽的伯父项伯听到这消息，连夜奔到刘邦军营找好友张良，把项羽攻刘邦的事告诉张良，要张良跟他一起逃走。

"不赶快逃，可危险了，我们快跑吧！"

张良拒绝说："我跟沛公一起来，事急而逃，于理不合，不能不告诉他。"

张良走入刘邦帐幕，把项伯所说全告诉刘邦，刘邦大吃一惊。

"那该怎么办？"

"是谁为大王设计把守函谷关拒绝项羽进来？"

"一个无聊的家伙要我守关，不让项羽和诸侯进来，而在关中称王。"

"大王能抵挡得住项羽吗？"

刘邦静默了好一会儿，说道："抵挡不了，那该怎么办呢？"

"只有请大王去见项伯，告诉他大王不敢背叛项羽。"

"你怎么跟项伯认识的？"

"我在下邳时，项伯杀人，来投靠我，我庇护他，现在事态紧急，才来告诉我。"

"你跟他哪个年纪大？"

"他比我大。"

"好，请你叫他进来，我要奉他为兄。"

张良走出帐幕，邀请项伯去见刘邦。刘邦举杯为项伯祝长寿，并与项伯订立姻亲关系，然后说道："邦入关以后，所有东西连动都不敢动，官民的户籍全封在府库，等上将军来查阅。我派人守函谷关，为的是防盗入侵，或防备非常事态发生。日夜都在等待上将军来，怎么会背叛呢！恳请把此事告诉上将军。"

项伯答应，并对刘邦说："明早一定要早点来向项将军道歉。"

"是，明天一定早去。"

项伯又连夜赶回，把刘邦所说的话告诉项羽，最后又加上了一句："刘邦如果不先攻占关中，你怎么进得去？人家有大功劳，你反而起兵攻打，实在不合道理。最好还是好好对待他。"

项羽觉得很有道理，就不攻打刘邦了。

第二天早上，刘邦带着一百多个部下来见项羽。到鸿门两人见面后，刘邦谢罪说道："我与上将军合力攻秦，上将军在黄河以北作战，我在黄河以南作战。出乎意料，我居然先入关灭秦，想不到还能在这儿跟上将军见面。现在有小人居间挑拨，使上将军和我之间发生了误会。"

"这是你部下曹无伤说的。不然的话，我怎么会这样做？"

项羽留刘邦喝酒。项羽和项伯面东而坐；范增面南而坐；刘邦面北而坐，张良面西侍候。

酒过三巡，范增不时用目光向项羽示意，又举起腰间所佩玉玦向项羽示意三次，要项羽赶快下决心杀刘邦，项羽默默不理。于是，范增起身去找项羽堂弟项庄，说：

"项王不忍心杀刘邦。你可先进去替刘邦祝寿，然后舞剑助

143

兴，借机刺杀刘邦。不杀刘邦，你们将来都会被刘邦俘虏的。"

项庄走进帐篷，举杯祝刘邦长寿，然后说道："大王跟沛公喝酒，军中没什么可以助兴，请让我舞剑助兴。"

"好，你舞剑吧！"项羽说。

项庄拔剑起舞，想不到项伯也拔剑起舞，还不时用身体护卫刘邦，使项庄无法下手。

见此情景，张良离席走到军门外，看到樊哙。

"情形怎么样？"樊哙问。

"事态非常紧急。刚才项庄舞剑，目标始终指向沛公。"

"哎呀，那可危险。请让我进去，和主公一起死。"

樊哙带着剑和盾冲进去，守卫不让他进去。他用盾冲倒守卫，走进军门，撩开幕帷，面西站着怒视项羽。项羽手按剑柄，立起了一腿问："你是谁？"

"是沛公的侍从樊哙。"张良说。

"了不起！给他一杯酒！"

于是给樊哙一大杯酒。樊哙跪着接过来，起身一饮而尽。

"给他一块猪的肩膀肉！"

侍从给了樊哙一大块生的猪肩肉。樊哙把盾盖在地上，再把猪肉放在上面，拔剑切肉而食。

"真是壮士，了不起！还能喝酒吗？"项羽说。

"我死都不怕，还会推辞这一点点酒嘛！但请先听我说句话：秦王心狠手辣，杀人如麻，滥用刑罚，所以百姓才背叛他。怀王跟将军们约定：'先入关的做关中王。'现在沛公先败秦入咸阳，一样东西都不拿，把宫室关闭，然后领军回到灞上，等待大王来临。沛公派人守函谷关只是防盗和预防非常事情，劳苦功高，想不到不仅没有获得奖赏，大王反听人闲言闲语，要杀有功的人。这岂非跟秦的作风一样？实在对大王非常不利。"

项羽无法回答，只说一声："你坐吧！"

樊哙靠着张良坐下。

过了一会儿，刘邦起身说要上厕所，招樊哙一起走出军门外。

"我想回灞上，但没跟项羽辞行，怎么办？"刘邦忧心忡忡地说道。

"要做大事，何必管它小小的礼节！现在，我们无能为力，好像砧板上的鱼肉，只有任人宰割，局势非常危险，何必还要辞行。"樊哙说。

刘邦决定不辞而去，便把张良叫来，要张良代自己向项羽辞谢。张良问："大王带了什么来？"

"我带一双白璧要送给项羽，带一双玉斗要送给范增。因为他们生气，我不敢拿出来。你替我送，好吗？"

"遵命！"

当时鸿门和灞上相距四十里。刘邦把车子和其他人员留下，只带着樊哙和四个人一起从山路抄近路赶回灞上。跟张良告别时，刘邦说："从这条路回灞上，只有二十里（十公里）。你推算我已抵达灞上，再回席向项羽告辞。"

张良依言等刘邦已从近路赶回灞上时，再回席上向项羽致歉说："沛公酒喝得太多，无法辞行，特命我献一双白璧给大王，一双玉杯给范将军。"

"沛公现在在什么地方？"

"听说大王有意要责备他，他已独个儿逃走，现在已回到灞上了。"

项羽接过白璧放在座位上。范增接过玉杯，放在地上，气呼呼地拔剑把玉杯击破，长长叹了一声：

"唉！这小子真没法图谋大事！夺项王天下的必是刘邦。我们免不了要做他的俘虏啦！"

另一方面，刘邦回到灞上后，立刻杀了曹无伤。

几天后，项羽率军直进入咸阳，大肆屠杀，还杀了已经投降的秦王子婴，并放火烧宫殿，火烧三月不熄，然后掠夺宫殿里的财宝妇女，想带回故乡。于是有人对他说："关中四面有山，可做自然的防寨，而且土地肥沃，是一个可以称霸天下的好地方。"

项羽看到宫殿已完全烧毁，又很怀念故乡，就说："唉，人不管多伟大，不回故乡，等于穿着漂亮的衣服，在晚上走路一样，有谁知道！"

"唉，人们都说楚人像猕猴学人样戴上帽子，却戴不长久，果然不错。"

项羽听了大怒，把说话的人下油锅烹了。

项羽也派人向怀王报告攻占关中的事情。怀王说："按先前的约定行事！"

这意思是说应让刘邦做关中王。

项羽听了怀王的命令大怒，认为怀王不让他跟刘邦一齐西征入关，偏派他去救赵，是故意要让刘邦做关中王。

他召集诸将，说："怀王是我叔父项梁立的，一点功劳也没有，有什么资格颁布这项命令？平定天下，是各位将军和我项羽在战场上出生入死立下的功劳，理应把天下土地分封给各位，大家都做王。"

"是，理应如此。"将军们都赞成。

于是先奉怀王为义帝，再分封各将军为王。项羽和范增虽然怀疑刘邦有意拥有天下，但既经和解，又不愿违背当初的约定，也当分封刘邦为王。可是，又怕刘邦有夺取天下的野心，于是项羽和范增私下商量。

"巴蜀（四川省）道路险阻，秦的犯人都流放到蜀地。"

"不错，巴蜀也是关中的一部分。"

商定了以后，项羽立刘邦为汉王，给予巴、蜀、汉中三郡，都南郑（陕西南郑）。而把秦的关中地分封给秦的降将章邯等三人，以防阻刘邦入关。

分封天下后，项羽自立为西楚霸王，都彭城，拥有九郡的土地。

项羽回彭城后，派使者到义帝那里说："古代的帝王都有千里见方的土地，而且都住在河川上游，请义帝赴长沙郴县（今湖南郴州）。"并催义帝迅速启程赴长沙。义帝启程后，因群臣纷纷背离，项羽就派人暗杀了义帝。项羽从此掌握天下大权。

第六章　垓下之围

——《项羽本纪》、《高祖本纪》、《淮阴侯列传》、《留侯世家》

项羽、刘邦起兵后，争先进入咸阳。在这场竞争中，项羽落后了，但他以强大的兵力威吓，使刘邦屈服，统领了天下诸侯。然后依自己的愿望重新分封诸侯，而自称西楚霸王，建都于彭城。

项羽虽然英勇无双，却缺乏统御的能力，而又自以为是，造成了以后败亡之因。

刘邦在鸿门宴中虽然被迫屈服项羽，却有天下之志，自不甘蛰居于汉中，而他之成功乃在于败不知馁，又能以诸将谋臣的智慧辅助自己的无能，而在楚汉相争五年的拼斗中，终于获得最后的胜利。

1．刘邦反击

刘邦任汉王赴汉都南郑时，项羽只让刘邦率三万士兵赴任，但楚兵和其他各地的士兵附从者有几万人。

刘邦经由山路赴南郑，张良建议说：

"大王何不烧掉经过的栈道，以表示没有再回咸阳的意思，好让项羽放心。"

刘邦接受了张良的建议，所过栈道都烧毁，项羽遂以为刘邦没有东回的意思。

可是，到南郑后，有许多将领和士兵逃亡，没逃走的士兵也都唱歌想念故乡。而当时逃亡的军官中包括有担任治粟都尉（管理军粮会计方面的业务）的韩信。

韩信是淮阴（今江苏淮安）人，少年时，贫穷，不务正业，常在别人家寄食，为人所嫌。一天一个年轻人嘲笑韩信说："你空长个大个子，又喜欢佩剑，其实你心里害怕得很！"

接着又在众人面前侮辱韩信："韩信啊，如果你不怕死，就用剑刺我；如果怕死，不敢刺我，就从我胯下钻过去。"

韩信凝视对方，低头匍匐钻过对方胯下。大家看了都以为韩信胆小怯懦。这就是所谓"胯下之辱"。

项梁起兵后，韩信附从项梁，后投效项羽，曾向项羽献策数次，项羽都不能用。刘邦赴南郑做汉王时，韩信也背楚逃入汉中，刘邦也不用他。有一次犯法当斩，韩信仰视监斩的夏侯婴说：

"汉王不是想夺取天下吗？为什么要斩有用的人呢？"

夏侯婴很惊奇，便放了他。约谈之下，深为佩服，就把韩信推荐给刘邦，刘邦任命他担任治粟都尉，并不觉得韩信有什么了不起。

可是，萧何跟他谈了几次之后，觉得韩信是个人才。到南郑后，韩信认为萧何已经把自己推荐给刘邦，而且推荐了好几次，刘邦仍然始终不用自己，寻思道："刘邦终究和项羽一样，不会用我，还是去找能用我的人吧！"

韩信离开南郑，开始逃亡。萧何听人报告后，来不及告诉刘邦，亲自骑马去追韩信。

有人向刘邦报告说："丞相萧何也逃走啦！"

"什么，萧何逃了！"刘邦大怒，仿佛失去了左右手一般。

过了一两天，萧何来见刘邦，刘邦真是又高兴又气愤，骂道："你为什么要逃走？"

"我怎么会逃？我是去追逃亡的人呀！"

"你追的是谁？"

"韩信。"

刘邦听了又骂道："韩信？逃亡的将领有几十个，你却不去追，偏偏去追小小的治粟都尉韩信，谁会相信？胡说！"

"其他的将领容易得到，至于韩信，实在是举世无双、不可多得的将才。如果大王只想在汉中称王，那当然用不着韩信；如果想要夺取天下，没有韩信不足以完成大业。只看大王今后的意思究竟如何。"

"我也想向东发展，怎会愿意长久闷在这地方？"

"如果大王有意向东发展，那就应该给韩信一个适当的位置，韩信一定会留下。不然的话，他还会走的。"

"好，那我看你面上，任他为将吧！"

"不行，这样还是留不住。"

"那就任命他为大将。"

"那太好啦！"

刘邦立刻叫人去唤韩信，要任命他做大将，萧何拦阻道："大王向来傲慢无礼。现在要任命大将，怎么可以像呼唤小孩子一样？如果一定要拜韩信做大将，就该选择好日子，设立坛场，以最隆重的礼节任命才行。"

"好，就这么办。"

将领们听说刘邦要任命大将，人人心喜，以为大将的头衔会落在自己头上。但是到了任命的当天，想不到大将竟然是治粟都尉韩信，军中所有人都大吃一惊。

韩信被任命为大将之后，刘邦问道："萧丞相一直推举将军，将军想必有什么计划要告诉我吧？"

韩信致谢后，反问刘邦："如果大王引兵东征，最大的敌人想必是项羽吧？"

"不错。"

"那么，大王自认为在勇敢剽悍、对人有礼、军队强大这些方面能胜过项羽吗？"

刘邦静默了好一会儿，才回答："比不上他。"

韩信听了说道：

"我也以为在这些地方大王不如项羽。可是，我曾在项羽底下做事，很了解项羽的为人。项羽英勇豪迈，一怒，众人莫不慑服，无人能够抵挡。但不能任用贤将，所以这是匹夫之勇。项羽与人交往，恭敬有礼，洋溢慈和之气，而且语气和缓，用字恰当，颇有君子之风；人有疾病，他会流下眼泪，把自己的饮食分给人家，但人有功劳，却舍不得把爵位分封出去，所以这种仁慈只是妇人之仁。项羽虽然称霸天下，却不居关中指挥天下，而把首都迁到彭城，已丧失统治天下的地利；违反义帝的约定，分封和自己亲近的人为王，导致六国诸侯不满。诸侯看到项羽无缘无故把义帝迁到江南，也纷纷驱逐旧主，自立为王；而项羽所过之处，滥杀无辜，人心早已离散，只是怕他的兵威，不敢反抗而已，表面上看来是霸主，实际上项羽已丧失人民的拥戴。现在，如果大王能够反其道而行，任用英勇的人为将，又能赏罚严明，有功封土，谁不为大王效命。若就现在局势分析，项羽封章邯等三个秦降将为关中王，实是不智之举，这三个秦降将把关中人民的子弟带到战场，不是战败被杀，就是被项羽坑死，唯独他们三人不仅毫发无伤，反高居王位，关中老百姓怎会喜欢他们？而大王从武关进入咸阳，沿途不骚扰老百姓；入咸阳后，又能革除秦王苛虐的法律，只颁布三章单纯的法规来约束人民，人民有了喘息的机会，都希望大王能在关中为王。现在却因项羽的专断，把大王远封到汉中来，关中人民都觉得遗憾，这正是大王未来争天下的大好本钱啊！"

刘邦听了韩信这席析理入微的谈论，高兴不已，大有相见恨晚之感，也深深佩服萧何知人之明。接着，刘邦问道："局势既然对我方有利，是不是该立刻起兵入关中？"

"不错，现在就应该立刻行动。大王在南郑，等于被项羽流放一样。而士卒官吏都是中原一带的人，日日夜夜都盼望回家乡，现在士气最高昂，利用这种气势一定可以大胜。天下一旦安定，每个人都安于现状，就不能用来战斗，何况关中人都期望大王早日莅临，现在出兵正当其时！"

刘邦接纳韩信的建议，留下萧何治理汉中，兴兵赴咸阳，轻易地平定了三秦（即章邯等三降将所封的关中地区）。

听说刘邦已平定关中，正向东方进军，项羽大怒。这时张良写一封信给项羽：

"汉王因为失去了应该领有的地方，才想得到关中，现在已得关中，当初怀王所约，已如愿以偿，不会再向东发展。"

不久，齐、赵两地背叛项羽。张良又写信给项羽：

"齐想跟赵联合灭楚（项羽）！"

项羽接到张良这两封信，以为刘邦真的不会向东发展，便任命郑昌为韩王，以防刘邦东进，自己率军向北伐齐。

项羽领军攻齐，对刘邦来说正是大好机会，立刻领军东出，大破郑昌军，进军至洛阳，知道义帝已死，放声大哭，替义帝举行丧礼，为义帝服丧三天，然后颁布讨伐项羽檄文：

我们大家一齐拥护怀王为义帝，宣誓向他效忠。项羽却放逐义帝到江南，又把他杀掉，真是大逆不道。我现在亲自为义帝举行丧礼，诸侯都为他戴孝。我目前率军攻打彭城，愿诸侯王跟我一齐去诛杀那杀害义帝的楚人。

项羽杀害义帝，使刘邦有了攻击项羽的借口。

2. 刘邦一败再败

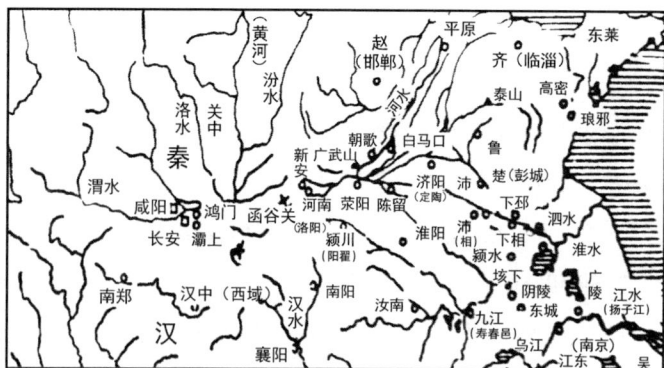

楚汉抗争要图

汉二年（前205）春，刘邦率领五诸侯兵，共五十六万人，东伐楚。

知道这消息后，项羽把攻齐的责任交给部下，自己率领三万楚兵南下赶赴首都彭城。

但是，项羽还没有抵达，刘邦已攻陷彭城，尽收项羽的财宝美女，连日举行酒宴，庆祝胜利。

这时，项羽军已到彭城西的萧（安徽萧国市），从西进逼，汉军（刘邦）以为是己军来援，不疑有他。第二天黎明，项羽发动总攻击，大败汉军。汉军败退，楚军（项羽军）猛追。汉军被逼到睢（suī）水边，无路可逃，十多万汉兵纷纷落入睢水，睢水几乎无法流动。

于是，楚军包围汉王刘邦三圈，眼看刘邦已无法脱身。哪知就在这时，突然刮起大风，飞沙走石，天昏地暗，汉军乘机反扑，楚军大乱。刘邦乘隙带着十多个骑兵逃出，本想经过沛县，带着家人一起逃回关中。项羽也派人来追捕刘邦家人。其实，刘邦家人听说刘邦军败，早已逃亡。逃亡途中，刘邦的父亲太公和妻子吕雉遇到楚军，被楚军逮捕。而刘邦在途中遇到了儿子刘盈和女儿鲁元，用车子载着一起逃亡，但后面楚的骑兵紧紧追逐，为了减轻马车的重量，刘邦连续三次把儿子和女儿推下马车，驭者夏侯婴连续三次把这两个孩子抱上来。

"不管多紧急，怎么能抛下孩子？宁可用力鞭马！"夏侯婴说。

"对不起，我不再推了。"

刘邦与子女终于得脱险境。当时，刘邦的舅兄吕泽（其后的周吕侯）率军守下邑（安徽砀山县）。刘邦投到他那里，编收了吕泽的军队，军势才稍壮。这时候，张良也来了，刘邦下马问张良：

"我想把函谷关以东的地方全部送给人。不知谁能跟我合作打倒项羽。"

"有三个人。九江王英布是楚的猛将，因为称病不肯跟项羽一起去攻齐，项羽对他怀恨在心，可请人去游说；第二个是彭越，项羽没分封土地给他，他跟齐王田荣一起反抗项羽，可跟他联络；第三个是大王的部将韩信，他可独当一面。若要把函谷关以东的土地捐出来，可分给这三个人。有他们三个人一定可以击垮项羽。"

刘邦接纳张良意见，派人去跟彭越联络；又派人去游说英布，英布果然背叛项羽，投效刘邦。

刘邦离开下邑到了荥阳，英布率军来投，韩信也收败兵到荥阳，汉军势力重振；靠韩信等人的努力，连败追逐而来的项羽军，使楚军无法越过荥阳西行。

但是，几个月后，项羽军又攻荥阳，切断了汉军的补给路线，使汉军粮食大为匮乏。刘邦向项羽请和，愿以荥阳为界，以东尽属项羽所有。项羽有意接受，范增说：

"汉现在很容易对付。如果放过这个机会，不立即加以消灭，以后一定后悔。"

"不错，确实不错。"

项羽立刻发兵围困荥阳。刘邦深以为忧，问陈平（本是项羽的属下，后受疑归汉）："天下纷扰，要到什么时候才能安定？"

陈平对天下大势的分析，大抵与韩信相同，最后说道："现在项羽所相信而又有才能的人只有范增、钟离眜、龙且（jū）、周殷少数几个人。如果大王肯拿出黄金万斤去离间他们君臣的关系，必有成效，因为项羽本性多疑，相信谗言，他们势必因此互相猜忌。大王再引兵攻击，一定可以灭楚。"

刘邦拿出万金给陈平，随他使用。陈平用这些金钱到楚军进行反间计。项羽果然猜忌范增等人。

项羽的使者到汉营来劝刘邦投降。汉营本来预备了最丰盛的菜肴，要款待来使。但一看到使者，却故作惊讶状，说：

"我还以为是范增的使者，想不到竟是项王的使者。"

立刻下令把丰盛的菜肴撤走，换上粗恶的菜肴。使者回去后，把经过情形一一告诉项羽。项羽怀疑范增与刘邦勾结，稍微剥夺了范增的权力。范增知道项羽怀疑自己，大怒道：

"天下大事已经定局了，愿大王好自为之。我已是老朽无用之人，请让我回乡。"

项羽一气之下也立刻答应。范增还没有回到彭城，因背上生疽（jū），病发而亡。

陈平的计策虽然成功，但是粮食已无，势难再坚守下去。这时，汉将纪信对刘邦说：

"事态已经非常紧急，我愿做大王的替身去骗项羽，请大王乘隙脱逃而去。"

刘邦接受纪信建议，当晚从荥阳东门放出一群女子，披甲战士两千人。纪信坐在天子坐的黄屋车上，车上左边竖着天子的大旗，说："城里的粮食已经吃光，汉王愿意投降。"

听了这消息，楚军大呼万岁。

乘这间隙，汉王刘邦已带着几十个骑兵，从荥阳城西门逃出去。

等到车子驶近，项羽见到车中坐的是纪信，问道："刘邦在什么地方？"

"汉王已经逃出去了。"

"什么，逃出去了？"

项羽知道已经中计，大怒，立刻把纪信烧死。

3. 项羽疲于奔命

刘邦从荥阳逃出，与英布军会合，到成皋，又被项羽军包围，逃回关中，重编军队，想再度从函谷关东出。有人向刘邦献计说："汉和楚已在荥阳进行了两年的攻防战，汉常陷入苦战，如果大王从武关出军，项羽一定会引兵南下攻击，大王固守不战，使荥阳、成皋方面的军队得以休憩。然后派韩信等渡黄河攻赵地，而与齐、燕两国联盟，以分散项羽的军力，这样楚疲于奔命，而汉得以休养，然后再一举东出函谷关，必可灭楚。"

刘邦听了大喜，说道："有理！"

刘邦依计率军出武关，并尽力补充军力。项羽果然率军南下。刘邦坚守不战。

这时，背楚连汉的彭越，得汉将之助，乘隙渡过睢水，在彭城大败楚军。首都危急，项羽只好解除汉王之围，回师攻彭越，大败彭越军。

刘邦随即引军向北到成皋，准备由此东进。项羽破彭越军，立刻引军西向，拔荥阳围成皋。刘邦逃走。

可是，刘邦派往北方的大将韩信已攻占齐、赵，准备击楚。项羽派出大军去攻打韩信，反为韩信所败。彭越又在梁地进行游击战，不时切断楚的补给路线。

项羽只好留下部属守成皋，自己率军去攻打彭越。项羽一走，刘邦军又攻下成皋，进军荥阳。项羽只好再回师攻刘邦。刘邦逃到荥阳的广武山，与楚对峙。

这时，韩信已平定齐地，遣使对刘邦说：

"齐人诡诈多变，反复无常，而南边又有楚军，不设临时的王来镇抚，很难使它稳定。我愿临时担任齐王。"

当时，刘邦正受困广武，看了韩信的信，大怒骂道："我受困在这里，日夜盼望你来助我，竟然想自立为王！"

张良、陈平立刻踩了刘邦一脚，附耳轻声说："我们现在正居于不利的地位，怎能禁得住韩信称王？倒不如借这机会立他为王，好好对待他，使他能守住齐地。否则马上会发生变故。"

刘邦恍然大悟，便接着骂下去："大丈夫要做嘛就要做真王，怎么竟要做起临时的王？真没出息。"

于是，派张良赴齐，立韩信为齐王。韩信大为感动。因而项羽虽曾遣人去游说韩信，愿跟他分天下而王，齐人蒯（kuǎi）通也劝他背汉独立自主，韩信都因刘邦立他为王，不肯背汉自立。

楚军和汉军在广武山相持数月。这时，彭越不断推动游击战，切断楚的补给路线。如果这种状况一直持续下去，楚的粮食必然吃尽，对楚极为不利。而项羽率领着士兵东征西讨，南战北伐，已疲于奔命，士兵也疲惫不堪。项羽实在希望立刻一决胜负。于是做了一个高台，把刘邦的父亲太公放在台上，对刘邦说：

"你不快投降，我可要烹你父亲。"

"好呀，要烹就烹吧。我跟你受命怀王，结为兄弟，我父亲就是你的父亲，你一定要烹你的父亲，希望能分一杯肉羹给我。"

项羽听了大怒，要杀刘太公，项伯劝道："天下事还没分晓，胜负未可知。要争天下，是可以不管家人的，杀了又有什么好处？反会遭惹天下人耻笑，有害无益。"

项羽终于没杀刘太公。

可是，楚汉依然相峙，楚兵锐气已逐渐丧失。于是，项羽对刘邦说："天下骚扰了这么几年，都是因为我们两个人的缘故。我们两个何不单打独斗，一决胜负？这样可以使老百姓免受其苦。"

刘邦笑着说道："我宁愿斗智，不斗力！"

项羽命令强壮的士兵到阵前向汉营挑战。汉营中有一个住在现在山西西北边的楼烦人，精于骑术，且有百发百中射箭之能。楚挑战三次，三次都被这楼烦人射杀。项羽大怒，亲自披甲持杀上阵。楼烦人提弓引箭，正要射出，项羽瞪目怒吼，楼烦人不敢抬头看项羽，箭也射不出去，吓得退回营里，不敢再走出来。汉王一问之下才知道刚才出来挑战的原来是项羽。于是刘邦和项羽隔着广武山涧相对而言，刘邦骂项羽说：

"你有十大罪，你知道不知道？我替你数数吧。我刘邦跟你受命怀王，相约先入关中的为王；我先入关中，你却封我到蜀汉，不履行怀王之约，是你的第一罪。借故杀宋义，自任高职，是第二罪。你既救赵，理当向怀王报告，却劫持诸侯入关，是第三罪。怀王嘱咐入关后不能使用暴力，你却烧秦宫室，取其物品，是第四罪。你又无故杀害秦降王子婴，是第五罪。坑秦兵，封其降将为王，是第六罪。封自己喜欢的将领为王，而驱逐原来的诸侯，以致臣下纷纷叛变，是第七罪。把义帝逐出彭城，而以彭城做自己的都城，又夺韩王土地，兼并梁、楚，以满足自己欲望，是第八罪。派人暗杀义帝，是第九罪。做人臣，而杀其主子，又杀害投降的人，为政不公平，不守信约，已为天下所不容，实为大逆无道，是第十罪。我率领义军诛杀残暴的人，令劫后余生的人杀你项羽就够了，何必跟你独斗呢？"

刘邦说来似乎义正辞严，事实上他的野心并不下于项羽，其残酷也不在项羽之下。只是在处处居劣势的状况下，他不能不以宽仁来对付项羽的自大。他对秦宫室美女的欲望绝不亚于项羽，他欲拥有天下的野心，更不亚于项羽，只因项羽自以为已拥有天下，才使残酷面全部显露出来。这跟刘邦拥有天下后残杀功臣的作风并没有太大差异。不过，在这场合，刘邦所数落的项羽十大罪不能不说有其事实背景。

因而项羽听了不禁为之语塞，愤然大怒，拔箭射刘邦，中刘邦胸部，痛得弯下腰来，刘邦当场按着脚说："唉呀！射中了我的脚趾。"

刘邦创发卧病不起。张良硬要刘邦起来劳军，以安士卒之心，以免为项羽所知，趁机攻击。

这时，汉军粮食充裕，但屡次战败，而项羽因受彭越在后方骚扰，粮少兵疲，所以经刘邦的求和，彼此遂订了和约，中分天下，鸿沟（在荥阳附近）以西属于刘邦，以东属于项羽。项羽也把刘邦的父母妻子送还。

项羽订约后，引军东归。刘邦也想领军西还，张良和陈平说："我们已拥有天下大半，诸侯也都归附。而楚军粮食已吃光，士兵都疲惫不堪，这正是灭楚的好时机，若不趁这机会攻击，以后再难有这么好的机会了。"

不久前还指责项羽背约的刘邦，现在也听从张良等的说法，背约追击。同时与韩信、彭越相约共同攻楚。追到固陵（河南太康），韩信与彭越却没领军来会。项羽回头反击，又大破汉军。

刘邦立刻躲进城里，挖壕沟自保。面临这种窘境，刘邦问张良道："韩信和彭越都不肯履约来会，怎么办？"

"楚军眼看着快要全军覆没，而大王未封给他们丝毫土地，他们不来是理所当然的。大王如果能够跟他们平分天下，他们立刻就会来。如果不舍得将土地分封给他们，以后会怎样发展，就不得而知。如果大王把陈（河南周口）以东到海的土地封给韩信；睢阳（河南商丘）以北到谷城（山东东阿）的地方分给彭越，让他们各自为战，楚没有不败之理。"

"好，就依你所说。"

刘邦派使者去分封韩信和彭越。韩信和彭越都说：

"马上就进军！"

4．垓下之围

汉五年（前202），项羽军退到垓下（今安徽灵璧东南）时，韩信从齐率军抵达；刘邦从兄弟刘贾于途中跟韩信军会合。项羽属下大将周殷背叛项羽，领九江一带的军队，跟彭越等一齐到了垓下。

项羽军困守垓下，汉军与诸侯军围了好几重。项羽军中士兵非常少，粮食又不够，忽然晚上听到四面有人唱楚歌。项羽吓了一大跳："难道汉军已占领楚地了？要不然，楚地的人怎么会这么多？"

这就是所谓的"四面楚歌"，也显示项羽孤立无助的处境。

项羽醒来在帐幕中饮酒。

项羽有一个心爱的美人，姓虞，后人称为虞美人；还有一匹千里马，名叫骓（zhuī），永远不离他的左右。

这时，项羽忍不住满怀悲愤，对着虞美人，高声唱着自己所作的歌：

力拔山兮气盖世 （力气能拔起高山，气概横绝一世，）

时不利兮骓不逝 （可是，天时不利于我，连乌骓马也难再奔驰！）

骓不逝兮可奈何 （乌骓难再奔驰，怎么办呢？）

虞兮虞兮奈若何 （虞姬啊！虞姬啊！我要怎么安排你？）

虞美人也和声而唱，气氛凄凉。项羽不禁泪下数行，真有"英雄气短"之概，"英雄末路"之悲。士兵们也都低头流泪哭泣。

当晚，项羽骑上乌骓马，率领八百名亲信骑兵，突围向南奔驰而去。黎明时，汉军才发觉，刘邦命令骑兵队长灌婴率领五千骑兵追逐。

项羽渡过淮水，跟来的骑兵只剩一百多人。

走到阴陵（今安徽定远县西北）后，又迷了路。这时有一农人在田中工作，项羽向他问路，农夫说："向左走！"

向左行，便陷入了泥泞地，终于被汉军追上。

项羽走回头，向东奔驰，到东城（今安徽定远县东南），跟从的骑兵只剩下二十八人。追逐的汉骑兵却有几千人。

项羽自料这次已逃不掉，便对他的部下骑兵说："从我起兵抗秦到现在已经八年了，身经七十多场大小战役，从来没有一次打败仗，才能称霸天下。想不到今天却遭遇到这种处境，这实在是上天要灭亡我，并不是我不会打仗啊！今天免不了一死，但是我要痛痛快快打一场仗给你们看，一定要打胜敌人三次。我要为你们突破重围、斩掉他们大将的头、砍倒他们的军旗！让你们知道这是上天要灭亡我，并不是我不会打仗！"

他把部下二十八人分成四队，分别向着不同的方向，然后对部下说："我为你们斩敌将一人！"

说罢命令部下从四面奔下，约定在山的东边分三处集合。

项羽催动乌骓马，大呼一声，直往下冲，重重包围的汉军大吃一惊，不敢抵挡，果然杀了一员汉将。

这时候，汉的骑将杨喜逼近项羽。项羽回头瞪目大吼一声，杨喜人马俱惊，一直退了好几里路才停得下来。

项羽又和他的部下会合。这时候，项羽的部下分成三队，汉军不知道项羽在哪一队，便把军队分成三部分，再把项羽他们包围起来。项羽又策马奔驰，斩了一员汉军都尉，杀了八九十人。接着项羽他们又会合，经过这场厮杀，项羽只失去了两个部下。项羽望着部下说："怎么样？"

"确实如大王所说。"部下都心服口服。

项羽率领部下到了乌江（今安徽和县），准备从这里渡过长江，回到他的故乡楚国。乌江亭长已准备好船只等待项羽，说：

"江东地方虽然不大，却也有千里，百姓也有几十万人，也足以称王了。请大王赶快上船！这里只有我有船，汉军追来，没有船就追不上！"

项羽笑着说道："上天要灭亡我，我还渡江做什么？当年，我率领江东子弟八千人，渡江往西争夺天下，现在却没有一个活着回来。即使江东的父老可怜我，再让我做王，我又有什么脸去见他们？即使他们不说，我心里难道不惭愧吗？我知道你是个忠厚的好人。这匹马我已经骑了五年，从来没有遇见过对手，它曾经一天跑了一千里路程。我不忍心杀它，就送给你吧！"

然后，项羽命令部下下马，拿短兵器跟追来的汉军交战。仅项羽一人所杀的汉军就有几百人。项羽自己也受了十几处伤。突然回头看见汉的骑兵司马名叫吕马童的。这人本来是项羽的部下，后来投靠了刘邦。项羽对他说："你不是我的老朋友吗？"

吕马童不好意思地背转脸，指着项羽对王翳说："他就是项羽。"

项羽又对吕马童说："听说刘邦用重金和大块土地悬赏收购我的头，我就把这人情送给你吧。"

说完话，项羽当场举剑自刎而死。

王翳跑过来，抢了项羽的头。其他的骑兵也为争取项羽的遗体互相厮杀。最后，杨喜与吕马童等四人抢得了项羽的四块躯体。把王翳抢得的头跟其他四人抢后的躯体合起来，果然是项羽。于是刘邦就把万户的土地分作五部分分给这五个人。刘邦以项羽最初封号鲁公的礼节埋葬了项羽，哭祭了一场，内心想必是无限高兴。

绵延五年的楚汉之争终于结束，刘邦获得最后的胜利，建立了汉朝。但司马迁笔下的项羽不失为"一代英雄豪杰"，所以司马迁特为他立传，配在帝王的"本纪"里。司马迁脑海里似乎没有"败者为寇，胜者为王"的观念。

第七章　称帝行赏与功臣叛离

——《高祖本纪》、《萧相国世家》、《留侯世家》、《陈丞相世家》、《淮阴侯列传》、《魏豹彭越列传》、《黥布列传》

　　项羽之败，司马迁认为是刚愎自用所致。但仔细分析，其败约有数端：一是，项羽是性情中人，凡事易于冲动；对人虽有礼而情深，但是一冲动就无法控制，以致常常滥杀无辜，造成人心背反。二是，因项羽是性情中人，以致不知算计，对不合己意的人不能善加笼络利用，反而把这些有能力的人驱向刘邦。三是，项羽独断独行，不肯听人言，这跟他出身贵族，自视甚高，瞧不起人有密切关系。换言之，他武勇过人又具军事才华，但这些禀赋反而使他恃才傲物，更进一步发展为嫉才妒能，以致不能知人用人。四是，年纪轻也是造成他感情冲动的原因之一。垓下之围时，项羽才三十一岁，刘邦已五十六岁。而刘邦是从无赖中混出来的，人情世故懂得多，知道人心微妙，自知无能，有利于己的意见都能接受，这是刘邦成功的原因。

但是刘邦猜忌心也十分强烈，统一天下后尤其如此，功臣人人自危，张良所推荐的三大军事功臣韩信、英布与彭越大半都是因刘邦的猜忌而被逼起兵造反。

1．论功行赏

汉五年（前202）二月，刘邦打倒项羽后，在群臣推举、刘邦自己三次谦让后，终于登上皇帝位，是为汉高祖。经过七年的战乱，皇帝的称号在秦代之后再度出现在中国土地上。

刘邦称帝后，立刻分封功臣。

垓下之围结束，韩信从垓下撤军到定陶，刘邦不事先通知，直接驱车冲入韩信阵中，夺其将印，自率韩信军队。称帝后，刘邦说："楚本来是义帝的领土，但义帝没有后代。而韩信熟知楚地的风俗习惯，应代义帝统治楚。"

于是韩信由齐迁到楚，都下邳，称楚王。

接着封彭越为梁王，统治梁地，都定陶；淮南王英布、燕王臧荼和赵王敖都依然袭其旧地。

天下安定后，刘邦建都洛阳（后迁长安），诸侯都以臣出仕。一天，刘邦在洛阳南宫举行胜利酒会。刘邦说：

"希望各位不要隐瞒，说说你们的意见。我为什么能够拥有天下？项羽为什么会失去天下？"

"陛下傲慢瞧不起人，项羽仁慈有情。但陛下能把敌城敌地赐给有功的人，不独自占有；项羽嫉妒贤能的人，有功不赏，反而遭嫉，所以失去天下。"

"你们只知其一，不知其二。在战阵中出主意，定战略，而能透视未来局势，我比不上张良；安定国家，抚慰人民，补给路线绝不出纰漏，我不如萧何；能统御百万大军，冲锋陷阵，战无不胜的，我不如韩信。有这三个了不起的人物，我又能用他们，这才是我拥有天下的原因。项羽只有一个范增，却不能用，所以才会失败。"

众臣听了默默无语。

刘邦分封时，群臣争功，都以为自己的功劳最大。刘邦却认为萧何功劳最大，封为酂（zàn）侯，食邑最多。功臣们都很不满，说：

"我们冲锋陷阵，多的至少打了一百多场仗，少的也有数十回。攻占的城池虽有大小之别，也都是我们努力得来的。萧何不曾上过战场，毫无汗马功劳，只不过一个单纯的文官，功勋却在我们之上，这是什么缘故？"

"你们知道狩猎吗？"

"知道。"

"知道猎犬吗？"

"知道。"

"好，那我们以狩猎为例。狩猎时，追杀野兽的是狗；指示野猎所在地的是人。你们充其量只是抓到走兽的功狗而已。至于萧何，则是发现野兽足迹，指示追踪路线的人，是有功之人。你们有的独自追随我，有的也只不过两三个族人追随我，而萧何举全族数十人一起追随我上战场。功劳怎能说不大！"

群臣不敢再说，但他们听到"功狗"两字，内心不知作何感想。

战争时，萧何居后方支持，而张良则以谋臣随行。刘邦说："张良出计谋，定战略，能预见未来的情况，功劳相当大，由你自己在齐选择三万户做食邑吧。"

"我从下邳起事，与陛下在留（今江苏沛县东南）会面，使我得以跟从陛下，而陛下又能采用我的计策，很幸运我的计策未出意外，因而只要把留封给我就好，我不敢领有三万户。"

群臣争功，唯独张良谦让，刘邦功臣最后多不得好死，独张良能寿终正寝，不愧为眼光深远的谋臣，想必他很了解刘邦的心理。

第二年，刘邦已封功臣二十多人，其余功劳较小的臣子仍然互相争功不休。一天，刘邦在洛阳南宫，从回廊上看到诸将坐在沙上热切交谈。

"他们谈些什么？"刘邦问随从人员。

"陛下不知道吗？他们在商量造反呀！"张良回答。

"天下已经安定了，为什么还要造反？"

"陛下以平民身份起兵，率领他们争夺天下。现在陛下已为天子，但所封的都是曹参、萧何等旧识的人，所杀的全是平时怨恨的人。现在若要计功全部行赏，天下土地也不够分配。他们怕陛下不能全封，就会找过去的碴子诛杀他们，所以聚会商议造反。"

刘邦忧形于色："那该怎么办呢？"

"陛下平时最讨厌，而群臣都知道的是谁？"

"是雍齿。还没有起兵的时候，我们已结下梁子。他常常使我受窘，我本来想杀他，因为他有不少功劳，不忍心杀他。"

"那现在赶快封雍齿，群臣见了心里就会踏实得多。"

刘邦马上召开宴会，封雍齿为什方（四川什邡）侯。同时借此机会命令丞相、御史计功行赏。

酒宴后，群臣见雍齿已封，都高兴地说：

"连雍齿都分封为侯，我们不必害怕了。"

由于张良的建议，刘邦终于预先防止了群臣的叛变。

2. 韩信叛变

刘邦虽然预防了群臣叛变，但他内心对功臣的猜忌一点也没消失，反而有日益增强之势。密告、中伤的信函也不时送到刘邦手上。

汉五年，楚王韩信赴下邳就封。有人上书向汉高祖刘邦密告说："楚王韩信正准备造反。"

刘邦看了也不查明真相，就召集诸将商讨对策，诸将都说："急速发兵征伐叛逆。"

刘邦静默良久，过后召陈平问道："有人上书说韩信要造反，诸将都说要赶快派兵征讨，我迟疑不能决定，你以为如何？"

"有人上书说韩信造反，除了诸将之外，有没有人知道这件事？"

"没有。"

"韩信知道不知道？"

"不知道。"

"陛下的兵和韩信的兵，哪一边比较强？"

"我方不如。"

"陛下的将领在用兵方面比得上韩信吗？"

"不如韩信。"

"现在兵和将都不如韩信，起兵伐韩信，可真危险啊！"

"那该怎么办？"

"以前，天子常出巡天下，会见诸侯。南方有云梦，陛下可伪装出巡云梦，会诸侯于陈。陈在楚的西边，韩信听说天子出游，一定不会有所戒备，会来迎接陛下。韩信一到，陛下就乘机逮捕，只要一个大力士就绰绰有余了。"

"好，就这么办。"刘邦领首。

刘邦立刻派遣使者赴全国各地，约诸侯会于陈："我将启程赴云梦一游！"

使者启程当天，刘邦也出发南行。

韩信这方面并不知道刘邦这次出游是专为自己而来。起初，韩信赴楚就封时，项羽的逃将钟离眜因与韩信相交甚笃，便来投奔依附韩信。而刘邦对钟离眜没有好感，知道他在楚，曾命令韩信逮捕钟离眜，韩信没有答应。

因而，刘邦这次出游，韩信有不祥之感："我应该起兵造反吗？但我向来没有犯过罪，如果去谒见刘邦，刘邦可能借机逮捕我，怎么办好呢？"

韩信左思右想，总是迟疑不决，这跟他率兵冲锋陷阵的果断实在大不相同。这时，就有人向他建议说："皇上最讨厌钟离眜，如果大王斩钟离眜去谒见，皇上一定高兴，想必不会有事。"

韩信于是约见钟离眜，把部属所说的话告诉他。钟离眜说："汉所以不起兵攻打楚，是因为我钟离眜在你这里，而我们都是善于作战的人。你如果想杀我来讨好刘邦，我死了，你也会跟着被杀。"顿了一下，骂道："你实在不是好人，我看错你了。"

骂完，钟离眜就自刎而死。

韩信带着钟离眜的首级到陈谒见刘邦。韩信一到，刘邦就发动埋伏的武士逮捕他，载在随从的车上。韩信说："人家说：'狡兔死，良狗烹，高鸟尽，良弓藏；敌国破，谋臣亡。'果然说得不错，天下已经统一，我本来就该死了。"说得又气愤又凄凉。

刘邦听了回首说道："少啰唆！有人上告说你要造反！"

刘邦手下把韩信戴上镣铐。到了洛阳，刘邦没收了韩信的封地，把韩信降为淮阴侯，拘留在洛阳。

韩信知道刘邦向来嫉妒自己的才能，因而常假装生病不上朝。心里郁郁不乐，也不愿意跟刘邦的狐群狗党为伍。有一次韩信到樊哙将军家中去，樊哙跪拜迎送，自称臣，说："大王肯到臣家来，真是光荣之至。"

韩信离开樊哙府邸后，苦笑道："想不到我竟与樊哙这批人并肩为伍啦！"

有时，刘邦也常跟韩信交谈。谈话时，常讨论到诸将的才能。刘邦问韩信：

"像我能率领多少军队？"

"陛下最多只能率领十万人。"

"你呢？"

"我嘛，越多越好。"

"既然如此，为何还会被我逮捕？"

"陛下不能率军，却能善于控制将领，这就是我所以被陛下逮捕的缘故。而且陛下能有今天，实在是运气好，别人怎么赶得上！"

一天，陈豨（xī）受命担任防边北方边境的巨鹿守，来向韩信辞行。韩信支开左右，拉着陈豨的手，在庭院散步，仰天叹息说："不知道你能不能听我说。我有话想跟你说。"

"是，请将军不用客气，尽量说吧！"

"巨鹿是精兵所在，陛下肯派你去担任郡守，足以显示陛下对你的信赖，如果有人说你要造反，陛下一定不会相信；再有人来密告，陛下会怀疑；第三次来密告，就会大怒，立刻亲自率兵出征。这时，我必在京城跟你相呼应，天下就属于我们的了。"

陈豨向来很崇拜韩信的才能，便接受韩信的建议。

过了几年，到汉十年（前197），果然有人向高祖刘邦陈述陈豨蓄养宾客，刘邦便暗中派人去调查。此事为陈豨所知，深觉不安，想起了韩信的话，便起兵造反。

刘邦知道后，立刻亲自率兵出征，韩信称病不肯随行，却暗中派人到陈豨那里：

"你尽管起兵，我在都城跟你呼应！"

韩信召集家臣会谈，当晚假借刘邦的命令释放各地的囚犯。部署已经完成，准备陈豨有消息捎来，就发兵攻击吕后（吕雉）和太子刘盈。

可是，韩信家中有一舍人得罪了韩信，韩信把他关了起来，舍人的弟弟为了要救哥哥便把韩信谋反的事向吕后密告。吕后想召韩信入见，又怕韩信不来，便与萧何商量，萧何说："可派人假装从陛下那边来，说陈豨已死，让群臣入宫道贺！韩信来贺，就下令逮捕他。"

于是，吕后伪称陈豨已死，群臣都入宫道贺。

萧何骗韩信说："即使生病，也该勉强入宫道贺。"

韩信一入宫就被埋伏的武士逮捕，立即斩于长乐宫悬钟的室内。临斩前，韩信悲愤地叹道："真后悔没听蒯通等人的意见，才落得今日被女子小人所骗的局面。这难道就是命吗？"

韩信被斩。韩信父母、妻子娘家和儿子三族人都被杀光。

3. 彭越与英布的末路

韩信与彭越、英布是助刘邦打倒项羽的三员大将。韩信有军事天才，自项羽败后，就为刘邦所忌。其必死乃理所当然。而彭越与英布也可以说是刘邦的眼中钉，非拔之不可。

陈豨叛变，刘邦率军到邯郸，向梁王彭越征调部队，彭越称病不往，只派部将率军支持。刘邦大怒，派使者指责彭越。彭越大为惊恐，怕刘邦怀疑自己要造反，想亲自赴邯郸致歉。彭越部将扈辄（hù zhé）说："大王起初称病不去，皇上一指责，大王就去。一去，必被逮捕。不如起兵造反算了。"

彭越不肯听，仍然称病不去。这时他有个部属因触怒彭越，逃到邯郸，向刘邦密告说："彭越和扈辄意图造反。"

对刘邦来说，这正是一个大好机会。刘邦派遣使者到彭越那里，彭越不疑有他，毫无戒备地出来迎接使者，使者乘隙抓住了彭越，送到洛阳审判。

审判的结果，认为彭越有叛意。刘邦把他发配到四川作平民。路上遇到吕后从长安来。彭越向吕后哭诉自己并无叛意，希望让他回到故乡。吕后答应。

吕后带着彭越到了洛阳，对刘邦说："彭越是个杰出的勇士，让他到四川，等于纵虎归山，把他杀掉算了。我已经把他带来了。"

于是，吕后叫人密告彭越又要造反。刘邦下令杀彭越及其父母、妻子与儿子三族人。

刘邦杀了大功臣韩信和彭越，英布不由得心惊起来。

刘邦不仅杀了彭越，还把彭越腌起来，割腌肉分送诸侯。腌肉送到英布那里，英布正好从狩猎场回来，看了大为惊慌，暗中派人到边境打听消息。

这时，英布有个心爱的美姬，常赴医生那里就医。医生的家跟英布的中大夫贲赫的家相对。贲赫为了升官，常送厚礼给这美姬，也在医生家宴请美姬。美姬便在英布面前赞扬贲赫。英布问她："你怎么会认识贲赫？"

美姬把贲赫对她的殷勤告诉英布。英布觉得其间大有问题，要逮捕贲赫。贲赫逃到长安，上书刘邦说："英布意图谋反，可先发兵诛杀。"

刘邦看了之后，对萧何说："有人说英布要造反。"

"英布不可能会造反，可能有仇家故意这么说，最好先把贲赫关起来，再派人去调查。"

英布发现贲赫逃亡，已经心惧，现在又见汉使来调查自己，知道刘邦怀疑自己，便起兵造反。

刘邦亲自率兵攻英布，两兵相遇，英布军势甚大，刘邦退守庸城（今安徽宿州）。从城上，刘邦看见英布的布阵很像项羽，深觉厌恶。他在城上看见英布，问道："英布，你何苦要造反？"

"哼，你刘邦还不是靠我们打天下的吗？没有我们，你哪里当得成天子？你听信谗言，只要一有人密告，就想杀害功臣。韩信有什么罪？只不过听人密告，你就夺爵削封逼人造反。彭越又有什么罪？还不是因为人密告，就逮捕彭越，以莫须有的罪名杀他，还残忍地把彭越腌起来，割肉分送诸侯。你不仅粗暴，简直比项羽更残忍十倍。你问我何苦造反，告诉你，我也想当皇帝呀！"

刘邦听了大怒，立刻发兵与英布大战。经过几次大战，英布不能取胜，便带着百余人逃向江南，途中投宿在民家时被农民杀害。

至此，高祖刘邦立国三大功臣都被杀害。除此之外，异姓诸侯，如燕王臧荼、韩王信等，都因受疑造反或死或逃。连刘邦童年的朋友卢绾受封燕王后，也因受疑造反，败逃匈奴。

异姓诸侯王消灭后，刘邦即多封刘氏子弟为诸侯。

第八章　掌握汉家天下的女人

——《吕太后本纪》、《留侯世家》、《陈丞相世家》

刘邦（汉高祖）建立汉朝，即帝位七年后就去世了。刘邦一死，汉家天下逐渐由吕后（吕雉）掌握，吕家人接连被封为诸侯，或升任政府高官，而刘邦与其他妻子所生的儿子一个个被杀害。

吕后掌权的最主要原因是吕后与刘邦的爱妾戚夫人为推举各人所生的儿子为太子，展开了激烈的政治竞争。吕后在这场政治竞争中获得了最后胜利。政治竞争的胜利带给吕后掌权的机会。本章即以吕后的一生为主题，看看吕后掌握天下大权的过程。

1. 立嗣问题

高祖刘邦在沛县还没有成名的时候，娶吕雉为妻，生了一男一女，男的叫刘盈，即其后的汉惠帝；女的即是以后的鲁元公主。刘邦打倒项羽，即帝位后，吕雉顺理成章做了皇后，就是吕后。

刘盈是嫡子，也顺理成章做了皇太子。刘邦被项羽封为汉王以后得到了定陶的美姬——戚夫人，戚夫人很得刘邦的宠爱，也生了一个儿子刘如意，后封为赵王。

太子刘盈为人心地善良，但缺乏豪迈气概。刘邦常想："阿盈这孩子很不像我，缺乏一股英气。如意倒很像我，可爱极了，还是改立如意为太子吧！"

而吕后年纪渐老，姿色日衰，即使想见刘邦，刘邦也借故避开。戚夫人却常随刘邦到关东地方。一离开关中，戚夫人就日夜哭泣，请立儿子如意为太子。刘邦也有好几次想废太子，另立如意。大臣虽力争，刘邦仍然没有改变改立的心意。于是有人对吕后说："可以请张良去说说，他有智谋，又得皇上信任，可能有办法使皇上改变心意。"

吕后立刻把哥哥吕泽叫来："哥哥，皇上一直想另立太子，我们想不出办法来阻止这件事，请你去问问张良，看有没有什么好办法？"

吕泽去见张良，说明来意后，说道："你是皇上的谋臣，所说的话皇上都肯听，现在皇上要另立太子，你怎能置之不管呢？"

"以前，皇上在危困时，常找我商谈，我也提出了意见，幸蒙采用。现在天下已大定，皇上已不再问我意见，而且皇上基于父子的情爱，要另立太子，即使我们大家一起出来讲话，也没有用。"

"既然如此，不知有没有其他办法？"

"这种事情很难用语言来争取。不过皇上曾经想聘用四个人，这四个人都不肯应聘，因为他们认为皇上傲慢瞧不起人，所以逃到山中藏起来，不愿出仕汉朝。皇上反而因此极端推崇这四个人。如果你不惜金银财宝，请太子谦虚真诚写信请这四人来，他们大概会来。来了之后，就以上宾之礼好好对待，让他们常常陪太子上朝，皇上看了一定觉得奇怪，就会问是谁，皇上知道这四人后，可能会有功效。"

"这四人是谁？"

"是东园公、角里先生、绮里季、夏黄公，年纪都很大了。"

这四人就是世上一般所说的"商山四皓"四位隐者。吕泽回去把张良的计策告诉了吕后。吕后立刻命令吕泽派人带着太子亲笔信函，拿着厚重的礼物去敦请四皓。四皓果然来了，住在吕泽府上。

汉十二年（前195），高祖刘邦征英布回朝，却已患病，而且病势越来越严重，更换太子的意思也越来越强烈。张良劝谏，不听，太傅叔孙通引经据典陈述太子不该随便更换，刘邦表面答应，仍然一心一意要改易。一天，在宫中举行酒宴，太子陪侍。太子后面跟着四个八十多岁，须眉全白的老人家，衣冠都非常庄肃。刘邦看了觉得很奇怪，便问道："你们是什么人？"

四人各报出了自己的名字。刘邦更加惊讶。

"原来是你们！我找你们找了好几年，你们都避不见我，现在怎么出仕我儿子啦！"

"陛下瞧不起读书人，喜欢乱骂人，我们有什么理由要挨骂？

所以才怕得藏了起来。听说太子为人仁慈孝顺，恭敬有礼，又能礼遇读书人，大家莫不期望能为太子效命，所以我们来了。"

"呵，原来如此。"刘邦说，"烦劳你们以后多多照顾太子。"

四老人敬酒后即离去。刘邦目送他们，把戚夫人叫到身旁，指着他们说：

"我虽然很想废太子另立，但有他们四人辅佐，太子羽翼已经长成，很难更动啦。唉，吕后真是你的主人啊。"

刘邦一副莫可奈何的样子。戚夫人听了不禁哭起来。刘邦说："你为我跳楚舞，我为你唱楚歌。"

歌词是这样：

鸿鹄高飞，（鸿鸟高飞，）

一举千里。（远至千里。）

羽翮（hé）已就，（羽翼已成，）

横绝四海。（四海都可去。）

横绝四海，（四海无处不可往，）

当可奈何？（还有什么法子呢？）

虽有矰缴（zēng zhuó），（虽有箭矢，）

尚安所施！（又有何用！）

戚夫人满脸泪水，哀声泣泣。刘邦终于不再废太子另立，吕后也放下了一桩心事。

2. 吕后报仇

两三个月后，高祖刘邦去世，太子盈继位，是为惠帝。惠帝为人柔弱仁慈，政令皆出于吕后。

吕后因立嗣问题极恨戚夫人和他的儿子如意。如意已由刘邦封为赵王，在邯郸。吕后先把戚夫人囚在后宫的牢狱里，然后派使者去叫赵王到都城长安来。使者往返三次，赵相周昌才对使者说：

"赵王年纪幼小，高祖把他托付给我。听说太后怨恨戚夫人，也想把赵王一并杀掉，我不敢让赵王回去。而且，赵王刚好染病，也无法奉诏回京。"

吕后听了使者的报告，非常生气，便借故把赵相周昌叫到长安，然后又派人把赵王叫来。

惠帝刘盈心地善良，知道母亲有意要杀赵王，便亲自到灞上去迎接赵王。入宫后，一直不离赵王左右，起居饮食都在一起。吕后想下手也没有机会。

一天，惠帝清晨出去狩猎。赵王如意起不来，无法跟去。吕后听说赵王一个人在宫里，便叫人拿毒药给他喝。惠帝回来时，赵王已死去很久。

吕后毒死赵王后，便对付戚夫人。她叫人把戚夫人从牢中提出来，砍断夫人四肢手脚，挖掉眼睛，用热烟炙耳成聋，逼她喝下哑药，让她不能说话，然后把戚夫人抛在厕所里，称为"人彘

(zhì)"（人猪）。

过了几天，吕后叫惠帝来参观"人彘"。惠帝问："这是什么？看起来很可怕。"

"是陛下知道的东西。"

"我知道的？"

"是啊，你一定知道，一定认得。"

"我不知道啊，我没有见过啊。"

"你认得的，仔细瞧瞧。"

"……"

"就是那个戚夫人啊。"

"啊！"惠帝掩面大哭，"太可怕，太残酷了！"

从此，惠帝便生病了，有一年多不能起床。病好转后，他派使者对太后说：

"太后做出这种非人的行为，我不能阻止，哪有资格治理天下！"

从此，惠帝不理政务，日夜玩乐，终于得病。六年后，惠帝去世，太后出声痛哭，但却没有眼泪。这时，张良的儿子张辟强，十五岁，担任侍中，对左丞相陈平说：

"太后只有独子惠帝。惠帝去世，太后虽然哭泣，却不悲哀，你知道为什么吗？"

"不，我不知道，那是为什么？"

"惠帝没有长大成人的儿子，继位者是幼子，所以她害怕你们这些重臣。如果你请求太后任命侄子吕台、吕产、吕禄为将，指挥都城的南北军（警卫部队），或让诸吕入宫做事，太后就可以放心，你们也可以逃过一难。"

"不错，谢谢你！"

陈平依张辟强之计向太后建议，太后果然非常高兴，哭起来也有声有泪了。

3. 太后称制

一个月后，为惠帝举行盛大的葬礼，太子即位。新帝幼小，政治实权掌在吕太后手上。吕太后已是事实上的皇帝。

吕太后为了立吕家人为王，召集群臣开会。太后问右丞相王陵的意见。王陵与刘邦同乡，曾助刘邦平定天下，为人耿直不阿。王陵答道：

"以前，高祖曾向群臣说：'凡不是刘家的人称王，天下人可以一齐起兵讨伐。'果立吕氏为王，便违背了高祖的遗嘱。"

吕后听了很不高兴。又问左丞相陈平和周勃。两人都说："高祖平定天下，立刘家子弟为王，现在太后称制，推行政令，立吕家子弟为王，没有什么不可以的。"

吕太后听了非常高兴。

会议结束后，王陵责备陈平、周勃说："当初与高祖歃（shà）

血立誓的时候，你们难道不在吗？现在高祖去世，太后掌握实权，想立吕家人为王，你们附和背誓，还有什么面目见高祖于地下？"

陈平与周勃回道："当着太后面，跟太后争，我们不如你；但是保护汉家天下，避免刘家子弟全被杀光，你不如我们。"

王陵听了答不出话来，想不到他们竟想得这么远。

于是，太后剥夺了王陵的相权，王陵也借这机会请病假回乡。陈平由左丞相升任右丞相；郦食其（lì yì jī）担任左丞相，管理宫中事务。郦食其在吕后被项羽所捕时，一直侍奉吕后，深为吕后宠信。因而大臣有事要报告，都要先经过他那一关。

陈平曾与周勃奉高祖命去逮捕樊哙，樊哙是吕后妹妹吕嬃（xū）的丈夫。恰逢高祖去世，樊哙得吕后特赦，而免一死，但吕嬃从此痛恨陈平等人。因此，陈平任右丞相后，吕嬃常向吕太后说陈平的坏话："陈平做了丞相，却不管事，每天都在喝酒，与女人戏耍。"

陈平听到这消息后，酒喝得更起劲，跟女人玩得更勤快。太后知道陈平如此，内心非常高兴，知道陈平不会妨害自己，于是把陈平叫来，把吕嬃的话告诉陈平，接着说道："俗语说：'女人和小孩说的话不能听！'一切看你和我的关系来决定。不要怕吕嬃说你坏话。"

之后，吕太后逐次分封吕家人为各地的王。

4. 逆我者亡

惠帝去世后，太子即位，是为少帝恭。事实上少帝并不是惠帝的儿子。原来，惠帝娶姐姐鲁元公主的女儿为后。惠帝后没有孩子，伪称有孕，而以惠帝和姬妾所生的儿子作为亲生的儿子。但是，怕这姬妾把消息泄漏，就将她杀死，而立其子为太子。惠帝死后，太子即位为新帝。新帝长大后，忽然听说自己并不是皇后所生，亲生母亲已被杀害，便出口说道："太后怎会杀我母亲而让我当皇帝？只是因为我年纪幼小好控制罢了。我成人后，必报此仇。"

太后知道后，怕他发动政变，就把他关在后宫牢里，说："帝染疾甚重，严禁群臣晋见。"

接着召见群臣说："天子为使天下得以太平，使万民能够安居乐业，必须有天地般广阔的德行，这样居官的人才能以愉悦的心情来安抚百姓，百姓也能欣然遵从在位者的命令。也只有这样才能上下一心，互相沟通，而臻于大治。可是，现在皇上生病久久不愈，而且精神错乱，无法继承汉统，再这样下去，天下无法安定，应该立刻更立皇帝。"

群臣听了都齐声说道："太后为天下万民、为汉家天下，理应如此！"

太后改立刘弘为帝，把少帝恭杀掉。

接着，吕后又杀了自己不喜欢的赵王刘友。

刘友是刘邦和姬妾所生的孩子。如意被杀后，袭如意的封土为赵王。赵王友娶吕氏之女为妻。但刘友不喜欢吕氏女，喜欢别的姬妾，吕氏女因嫉妒而生气，便向吕太后说：

"刘友到处宣扬说，吕氏怎能立为王，等太后死后，我必起兵诛杀！"

太后大怒，即召赵王友到长安。赵王友来了之后，就把他软禁，不许人送食物给他。凡送食物者被逮捕，必受严惩。

赵王友饿得受不住，便作歌以忘饥，歌词说：

诸吕用事兮刘氏危，（吕家人专权刘家人危险啊！）

迫胁王侯兮强授我妃。（威胁王侯，强迫我娶了吕氏女为妃）。

我妃既妒兮诬我以恶，（我妃嫉妒进谗害我，）

谗女乱国兮上曾不寤。（谗妒之女扰乱国政君王却不明白。）

我无忠臣兮何故弃国？（我难道没有一个忠臣吗？为何离开了自己的封国？）

自决中野兮苍天举直！（即使死在野外，上天有眼终会明白。）

于嗟不可悔兮宁蚤自财。（唉！不能忍受这种侮辱啊！宁可早点自杀！）

为王而饿死兮谁者怜之！（做了王还会饿死，谁来可怜我！）

吕氏绝理兮托天报仇。（吕氏没有天理，愿苍天为我报仇！）

不久，赵王友饿死，葬在民坟中。

继赵王友之后，被封为赵王的是高祖刘邦的庶子梁王刘恢。梁王恢也被逼娶吕产的女儿为妃。迁为赵王后，赵王妃左右人员都是吕家人，王妃专断，独揽政权，不时侦察赵王行动。赵王心里很不愉快。自己所宠爱的美姬又被王妃毒杀，心里更加郁闷，便作歌诗四章，叫乐人歌唱，不久也自杀而亡。

太后知道后，说道：

"为一女子而悲，竟又追随其后而自杀，没有作王的资格。"

于是废其嗣者，令其子孙降为平民。

高祖三个相继为赵王的儿子如意、友、恢，几乎都可说是被吕太后逼死。

5. 太后之死

太后称制第七年（前180）三月，太后在长安附近的灞水边进行祓（fú）灾仪式。仪式结束，回到长安东门附近时，觉得似有一只苍犬从腋下掠过，突然又不见了。太后以为不祥，请人卜卦。卜者说："赵王如意作祟。"

从此，太后便病了，腋下疼痛。

太后病势越来越严重，知道死期已近，便任命侄儿吕禄为上将军，掌北军；侄儿吕产掌南军。然后告诫吕禄、吕产说：

"高祖平定天下后与大臣相约说：'不是刘家人不得称王，如果有人称王的话，大家应该合力征讨。'现在，吕家已有三人称王，大臣极为不满。我将不久人世，而皇帝年幼，大臣可能会造反；你们必须掌握军权，据守宫廷，千万不要替我举行葬礼，否则会给他们可乘之机。"

不久，吕太后就死了。

太后死后，果如太后所虑，各地刘氏王侯都准备起兵讨伐吕氏。当时，吕禄和吕产在长安擅权专制，想起兵兴乱，但因顾忌周勃和灌婴不敢发动。齐王刘襄的弟弟刘章在长安，从妻子——吕禄的女儿——口中知道这阴谋，便遣密使到哥哥刘襄那里，要哥哥起兵赴京征讨吕氏。刘襄发檄文给各地刘姓诸侯王，要各地诸侯共同起兵征讨。相国吕产知道后，派灌婴率军讨伐。灌婴率军走到荥阳时，跟部下商量道：

"吕氏掌握军权，控制关中，想代刘氏得天下，如果我灭齐还报，岂不是更增加了他们的气焰？我们还是留在这里，静观局势的演变。"

"是，理当如此。"部下都同声赞同。

灌婴留驻荥阳，遣使通知齐王及其他诸侯，在原地静观吕氏起兵作乱，再一起进兵都城。齐王接到通知后，便回师驻留齐国西方的边界，等待命令进兵。

而吕禄、吕产也害怕都城里的周勃、刘章和各地刘姓诸侯王，一直犹疑不敢遽然发难。

在京城长安，周勃虽身居太尉之职，却不能入军门指挥军队。只有悄悄找右丞相陈平商量，拟出了借郦寄与吕禄友善来夺取军权的计谋。

谋定后，周勃派人劫持郦商，要他命令儿子郦寄跟吕禄说：

"高祖和吕后一齐平定天下，刘氏称王的九人、吕氏称王的三人，都是经过大臣同意的，而且早已通告诸侯，诸侯中也没有人反对。现在，太后新丧，皇帝幼少，你又佩带赵王印，不赶快往赵赴任，仍留在京里以上将军身份统领军队，难免会令大臣诸侯怀疑。你何不把将印还给太尉赴赵就封呢？如果也请梁王（吕产）归还相国印，与大臣订盟赴封国，齐兵就会撤退，大臣也得安心。这样你就可以高枕无忧，又可做一地之王，不是很好吗？"

吕禄听了信以为真，有意把将印还给太尉，也把这件事告诉吕产和吕氏老人，有的赞成，有的反对，一直无法决定。

一次，吕禄与郦寄，两人一齐出去狩猎，途中顺便到了姑姑吕嬃家。吕嬃知道吕禄出来狩猎，大怒道：

"你担任上将军，却把军队抛下，出来狩猎，吕家这下可完了。"

说着把珠玉宝物全扔在庭院里：

"反正这些东西不是我的了，我何必替别人保管！"

这时，有人从齐国来，把齐王刘襄与灌婴、诸侯联合欲诛吕氏的事告诉吕产。这消息被陈平、周勃知道后，周勃立刻叫郦寄告诉吕禄说：

"皇上要太尉掌理北军，好让你赴赵就封，不赶快归还将印就封，那可危险啰！"

吕禄相信郦寄，便归还将印，把北军交给太尉周勃。周勃抓住这机会，走入北军军门，就下令道：

"支持吕氏的袒右肩，支持刘氏的袒左肩。"

全军都左袒支持刘氏。太尉终于掌握了北军。

掌握南军的吕产并不知道吕禄已交出将印和军权，仍想入宫发动政变，但宫门已为太尉固守，不得入，乃从别门进入宫里。这时，周勃这方面已先引兵入宫，发动政变，杀了吕产。接着捕杀吕禄、吕嬃及其他吕家人。政变成功。齐王回国，灌婴也从荥阳回长安。同时废少帝弘，另立年长的代王为帝，就是汉文帝。

第九章　新官僚与民众

——《平准书》、《汲郑列传》、《平津侯主父列传》、《酷吏列传》、《游侠列传》

吕后死后，经文帝、景帝，到武帝即位，已有四十多年。这段时间，国家逐渐安定，制度也趋于完备，国家财富经历代累积也非常富裕。因而武帝即位后，就利用这充裕的财政，积极对外用兵，扩展势力。不久，充裕的财政也为之空虚。苛敛诛求于焉产生。

武帝在位五十多年，进行了政治、经济与文化各方面的改革，对内对外都由以前的消极政策转向积极政策。

支持武帝积极政策的是当时的新兴官吏。这些新兴官吏没有显赫的家门，大多从读书人中选出来，跟以前的情形大不相同。他们都获武帝重用，成为武帝时代的政治中心人物。

可是，武帝当政时期，对人民的控制也加强了。在严苛的法律下，人民往往成为被压制的对象，而无处申诉。

本章在官吏方面拟举汲黯（jí àn）作为旧派官吏的代表，以公孙弘和张汤作为新兴官吏的代表，而以游侠郭解的行为来观察当时人民的处境。

1. 硬骨头的汲黯

武帝即位后的几年中，国家太平无事，不曾遭遇过水灾、旱灾，人民生活富裕，不论都邑乡间，粮食都非常充实，政府的财政也很富裕。京师（首都）的铜钱有好几亿，穿钱的绳子都腐朽了，以致无法计数。政府粮仓的粮食陈米未完，新米又来，简直吃不完，以致溢出仓外而腐烂。一般民众都积极蓄养马匹，街道田垄处处是马。

村吏每天可以吃到白米饭和肉肴；做官的不必调升，也有多余的财产留给子孙，真是天下太平的好景象。

因此，在这时期，任何人都非常自爱，不会随便犯法，而且非常重视操行，不会发生引以为耻的违法行为。在这种情况下，法律即使松缓不严，也很少有犯法之事。

汲黯就在这太平好景的时代出仕武帝。汲黯是濮阳（今河南濮阳）人。他的祖先都是战国时代卫的卿大夫，父亲曾出仕景帝，自己也因父亲的关系担任太子洗马（太子的前导人员），为人严肃耿直。

景帝去世，武帝即位，汲黯立刻被提升为谒者（外交官）。

汲黯本性傲慢，不讲究礼貌，常当面指斥人的错误；而且自以为是，看不顺眼就讲话，毫不宽容，因此一般人都不愿意跟他接近。不仅对一般人如此，就是对武帝也常当面指责，自然难得武帝宠信。不过，他喜欢读书，注重气节，品行优良，常跟游侠之士来往。

当时，太后的弟弟田蚡（fén）担任丞相，一般中等官吏晋见田蚡，田蚡常不答礼，因此，汲黯见田蚡时，也不弯腰致意，仅双手作揖而已。

汲黯从谒者转任荥阳县令，再调回京师担任"中大夫"（宫廷顾问），常向武帝直言劝谏，因而在京师没待多久，就被调去做地方官，任东海郡（在山东）太守。

汲黯学黄老之术（即"无为而治"的统御法），担任太守期间，自己只指示大概，其余小事都由自己选拔的官吏负责，一年多，东海郡治理得井井有条，贤声广播。武帝知道后又把他调回中央，担任主爵都尉（掌管与诸侯相关的业务，位居九卿，等于现在的部长级）。但是，他仍不改以前的老脾气。有一次，武帝说：

"我要推行仁义。"

汲黯毫不放松地接下去："陛下对外表彰仁义，内心却充满了欲望。既然这样，又何必一定要模仿尧舜的政治呢？"

武帝听了默默无言，却已气得变了脸色。武帝退下后，对左右说："汲黯真是戆（gàng）得很！"

有人因此指责汲黯，汲黯说：

"天子设公卿（如现在的部长级）这类人员，就是为了辅佐天子，既然辅佐天子，怎可一味谄媚，使天子陷于不义呢？我既然位居公卿，即使爱惜自己，也不能眼睁睁看着天子有过失而不说。"

汲黯就是这样戆直的人。

武帝即位后，约过了十年，开始采取积极扩张领土的政策。首先派兵去镇压闽越和南越（今福建、两广一带）；接着向西开辟山道一千多里，以扩大巴蜀两郡的面积；在北方则灭朝鲜设沧海郡，又与匈奴展开激烈战争。因而，本来充裕的财政也慢慢消耗掉，而日趋贫困。为了挹注财政的不足，政府逐渐增加人民的税收，人民又要服兵役，生活越来越苦。

在这种状况下，人民开始玩法避税。同时，为了增加岁入，凡捐献物资给政府的即可任命为官；出钱的可以免罪。于是，官吏选拔制度逐渐崩溃，清廉的人慢慢变得无耻，实力成为解决一切的基础。

于是，法令逐渐严厉，能为国敛财的大臣日益受到重视。

张汤就在这种环境下出现。他认为应该以严厉的律令来治理社会，把以前松缓的律令改得更细密严厉。武帝就擢升他为廷尉（法务部长）。汲黯非常讨厌这个以律令治理一切的张汤，他常当着武帝的面指责张汤说：

"你身任公卿，上不能发扬先帝的功业，下不能抑制天下邪恶的人心，使国家安泰，国民富裕，并减少犯罪的人，只一味玩弄法令，更改高祖所决定的国法。你会绝子绝孙的！"

两人开始为此而辩论。张汤只就法理而辩，汲黯则从大处着眼，彼此始终无法契合。刚直的汲黯不由得大怒，骂道：

"俗语说小吏不可以担任公卿，确是名言。你张汤一定会使天下陷于极端不安的状况！"

不管汲黯多愤怒，社会终究已经逐渐变为需要专门行政人才的社会了。武帝也逐渐擢用这类人才。他不仅重用张汤，也因尊儒术而重用公孙弘。汲黯越来越不如意，对张汤和公孙弘的指责越来越激烈，每次碰面就骂道：

"你们这些心怀诡诈的儒生，只会奉承天子，博其欢心。小吏员只会玩弄法令，陷民于罪，使人失去纯真的心，而以争胜为功。"

可是，汲黯无论骂得多凶，公孙弘与张汤总是不理。而武帝也重用他们，对汲黯更是讨厌，常常想找法子杀他。公孙弘做丞相时，也想去除这个眼中钉，因而向武帝说：

"右内史（长安的行政长官）管区有许多宗室和诸侯，不容易治理，最好能找个有名望的人去任职。请即诏令汲黯担任右内史。"

武帝答应，立刻任命汲黯为右内史。不料汲黯任职数年，没有出一点纰漏。

公孙弘的本意是想借此机会除去此眼中钉。

不久，匈奴的浑邪（yé）王率领部下向汉投降。武帝准备用两万辆马车接他们入都，借此显示大汉声威。

可是国库空虚，没钱买马，想向人民借马，人民又把马藏起来，不肯出借，因此两万辆马车无法筹齐。武帝大怒，要斩汲黯属下的长安县令，汲黯说：

"长安县令没罪，只要斩我汲黯，人民就会交出马来了。这些匈奴是背叛其主来投降的，只要慢慢让驿站沿县把他们送过来就行了，何必骚扰天下，搜括国内来侍奉这些投降的外国人呢？"

武帝听了无话可回。

浑邪王他们到长安后，商人争先恐后跟他们进行交易，因此被判死刑的有五百多人，因为汉律不准人民跟匈奴有交易行为，犯者处死。汲黯伺机对武帝说道：

"匈奴本来与我们订有和亲条约，他们却背约向大汉发起攻击，大汉才发兵征讨。由于征伐匈奴，不知有多少士兵死伤，国库支出也达几百亿之巨，因而我认为最好把敌虏全都赐给战死的遗族作奴婢，战利品也分配给遗族，以抚慰天下人民的痛苦。即使做不到，也不该拿出国库的钱，并要人民侍奉这些来投降的匈奴人。陛下既然都这样优待他们，那么民众卖东西给他们，也不能算是跟敌人进行走私贸易啊。陛下不能得到匈奴的财货来慰劳老百姓，却又扩大法令的运用范围杀了无知的老百姓五百多人。这岂不是'护叶伤枝'吗？我不能赞成这种做法。"

武帝听了又静默无言，但也没有接受汲黯的意见。

汲黯退下后，武帝说："我已经很久没听到汲黯说话了，想不到他越来越胡说八道。"

几个月后，汲黯即因小小的过失而被免职，归隐田园。七年后病故。

2. 养猪人做宰相

公孙弘大抵跟汲黯同一时期出仕汉武帝。但人品与性格却跟汲黯完全不同，是一个学者出身的政治家。

他本是齐国人，少时曾做过狱吏，因犯了一些小差错而被免职。家庭贫困，曾在海边村庄养猪。四十多岁才开始读书学《春秋》，对后母非常孝顺。

武帝即位后，举贤良方正之士，公孙弘已六十岁，以贤良被征为博士。其后不久，出使匈奴，回国后向武帝提出的报告，不合武帝的意思。武帝认为他无能，他只好请病假回乡。

十年后，公孙弘已七十岁，武帝下诏征求文学之士，公孙弘又由乡人推举。公孙弘辞谢道：

"我以前已被推选为博士，皇上认为我无能，才罢职回乡，请另外推选更恰当的人吧。"

乡人不肯放弃，非推举他不可。公孙弘推辞不掉，只好跟一百多人到太常令（考试官）那里接受考试。公孙弘成绩并不好，名列后席。但对策（考试卷）送到武帝那里，武帝看了以后，选公孙弘为第一。

公孙弘谒见时，武帝见他状貌端雅，便任命他做博士。

公孙弘气宇恢宏，博识多见，而且认为做一个君主必须心胸广阔；做臣子的必须谨慎节俭。他的生活也跟他所说的一样，棉被用麻布做，饮食不重肉类，后母死亦尊礼服三年之丧。

每次开宫廷会议，公孙弘只提出大旨，由武帝自己做结论，不肯当面跟君主辩驳，这和汲黯相当不同。武帝认为他很有行政能力，又懂得法律，同时又知道以儒术来粉饰自己的行为，因而喜欢儒术的武帝非常宠信公孙弘。不到两年就升任了左内史（掌管首都长安的行政事务）。

有时，不符武帝意愿的条件，并不直接在宫廷会议中提出，而先由公孙弘与主爵都尉汲黯商量好后，再进宫向武帝陈述。这时往往由汲黯先发言，再由公孙弘补充，都很能获得武帝采纳。武帝对公孙弘也更加信赖。

有时，大臣们事先商量拟出一个共同的意见，再向武帝提出。可是，武帝不喜欢时，公孙弘常常背弃大家通过的共同意见而迎合武帝的意思。汲黯常为此气得在武帝面前大骂公孙弘：

"真是齐人多诡诈，不能相信！事先商量时，和我们协议提出共同意见，现在却置之不理，真是不能共事、不忠的人。"

武帝听了问公孙弘："这到底是怎么一回事儿？"

公孙弘从容答道："认识我的人认为我忠，不认识我的人以为我不忠！"

武帝深以为然。从此，说公孙弘坏话的人越多，武帝越相信他。

两年后（前126），公孙弘升任御史大夫（副丞相）。

当时，武帝开辟道路以通西南夷，又在朝鲜设沧海郡，在北方建朔方郡作为攻击匈奴的前哨站。总之，武帝对外采取积极政策。

对武帝的这项积极政策，公孙弘不表赞成，常劝谏武帝作罢，他说：

"西南夷、朝鲜和朔方对大汉都是没有用的地方。发展这些地方，而使大汉本土疲惫不堪，实在划不来，祈请陛下作罢。"

武帝便命令朱买臣等批评公孙弘的意见，提出十项设置朔方郡有益之处。公孙弘对这十条批评无法提出任何反驳，事实上他并不是不能反驳，只是不愿忤逆武帝的意思，所以说道："我是山东乡下人，不知道有这么多好处。既然如此，就请暂时放弃西南夷和沧海郡，把全部精力放在朔方郡的建设上吧！"

武帝高高兴兴接受了公孙弘的意见，终于停止经营西南夷和沧海郡。

有一次，汲黯在武帝面前，批评公孙弘说："公孙弘任御史大夫，已是朝廷最高官吏之一，所得俸禄非常多，仍用麻布作棉被，实在虚伪。"

"你有什么意见？"武帝问公孙弘。

"确实虚伪。在政府高级官员中，跟我过从甚密的是汲黯。他今天在会议席上指责我，确实说出了我的缺点。政府高官用麻被，实有沽名钓誉之嫌。不过晏婴作齐景公丞相时，吃不食肉，妻妾不穿丝绸衣服，齐国仍然治理得很好，而其生活的朴实与一般平民没有不同。我身任御史大夫，还用麻布棉被，确如汲黯所说，已无上下之别。如果没有汲黯的忠心，陛下怎会听到这种话！"

武帝听了公孙弘这一席话，颔首道："你太过谦让了。"

武帝对公孙弘的信任越来越深厚，并任命公孙弘为丞相。

元狩二年（前121），公孙弘在丞相任期中得病去世。

3．冷酷无情的审判

与公孙弘同为武帝所宠信，而积极推动武帝法治政策的是张汤。

张汤的父亲是长安丞（长安县令的属员）。一天，父亲外出，要幼小的张汤看家。父亲回来后，见肉被老鼠偷走，大怒，鞭打小张汤。

于是，张汤捣毁鼠洞，抓到偷窃的老鼠和吃剩的肉，便一面鞭打老鼠，一面进行调查、作口供。然后作成起诉书，宣读老鼠的罪状。最后书写判决文。接着把老鼠捉到庭院，旁边供着作为证据的肉，然后宣读判决文，处以磔（zhé）刑。

父亲看了这审讯过程，不觉内心一动，把张汤的判决文拿过来看，不禁大吃一惊，判决文写得酷似有经验的狱吏。于是父亲让他学司法审判之事。

父亲死后，张汤继父之后任长安吏。不久，他的才华获得丞相赏识，推举给武帝，而被任命为补御史（最高检察官），管理审判事务。几年后，升任廷尉。

当时，武帝倾向儒学与文学。张汤为迎合武帝，决断大狱，也尽量符合春秋大义或儒家古义，亦即采取"道德审判"的方式；还请求博士弟子学《尚书》、《春秋》，而后任命为廷尉史（法务部的助理官），改革有疑问的法规；同时向武帝陈述疑难案件时，必预先向武帝分析其根源，武帝颔首称是，便把判决文作为判例登录在廷尉法令集中，以显扬武帝的贤明。

张汤上奏案件，若为武帝驳斥，必向武帝致歉。并且说："关于这案件，某某人曾向我陈述不当之处，我不能用，才会造成今日这种局面。某某人所说跟陛下所责完全一样。"

所奏案件，武帝称是，张汤一定说："这不是我的判断，是我的属下某某人这样说，我只不过付诸实施而已。"

这样，不仅武帝高兴，也无形中推荐了自己的部属。

如果受审的人是武帝有意判刑的，他就把这案件交给平时判罪较重的法官；如果武帝有意开释的，就交给判罪较轻的人员。

要是受审的人是有权有势而为武帝所不喜欢的人，张汤一定牵强附会，玩弄条文，故意入之以罪；若是无权无势的平民，则谒见武帝，口头报告说："按律当问罪，祈请陛下裁定。"

在这种情形下，武帝大多恕其罪。

因而，张汤虽用法严厉，猜忌心强烈，断案不公平，但武帝和部下却都信任他。判刑严酷的吏员都为他所用，成为他的爪牙；同时，又因以儒家古义断案，深为儒者出身的丞相公孙弘所欣赏。

另一方面，张汤为人虽然诡诈，运用狡智控制人，却能广交富贵人物。当小吏员的时候，便用善于逢迎的口才和富商攀交情；升任高官后，则与天下知名士大夫来往。这些士大夫虽然不合张汤心意，他却伪装非常倾慕他们。

同时张汤也常与宾客亲近，时时举行酒宴，招待宾客。朋友子弟当吏员，他照顾备至；对贫穷的兄弟照料更是周到。不论寒暑，他一定到高官府上问候。

张汤任廷尉后第六年，发生了淮南、衡山、江都三王的造反事件。这造反事件还没有正式发动，相关的人已都被逮捕，而由张汤亲自审理。

张汤想把相关的人一律处死刑，武帝却有意释放严助和伍被。张汤只有此事，猛烈反对武帝。张汤说："伍被本来是造反的策划人。而严助深获陛下信任，常出入宫中，却与谋反的诸侯私交甚笃，若不处死刑，后来就很难有公平的审判。"

武帝终于答允。审判事宜，都由张汤一手包办，其他大臣很难有插足置喙（huì）的余地。因而审判几乎全由张汤掌理，成果也最大。从此张汤更受武帝信任，随即升为御史大夫（副丞相兼最高检察官）。

张汤处事概以严刑峻法为主。尤其自征匈奴以来，国库空虚，百姓不安，官吏贪污腐化，张汤更恃法治人，因此上自公卿下至老百姓莫不怀恨张汤。武帝却对他宠信有加。

张汤任御史大夫后第七年，河东（山西省西南部人）李文因与张汤有过节，利用担任御史中丞（最高检察署副署长）之便，从衙门的文书中寻找对张汤不利的证据，来打击他，使张汤的地位逐渐动摇。

刚好张汤有一个他信赖的属下，名叫鲁谒居。鲁谒居知道张汤对李文非常不满，便支使人向武帝陈述李文的叛变阴谋。这案件由张汤审理，张汤借机把李文杀掉。不过，张汤知道这件栽赃事件是鲁谒居所为，也知道是鲁谒居为挽救自己而出的主意。武帝问张汤："叛变的迹象，因何而知？"

张汤假装吃了一惊，说："大概是李文的朋友因积怨而告发。"

之后不久，鲁谒居在旅途中生病，卧倒在某乡村客栈里。张汤知道后亲自去探病，为谒居按摩脚部，这是对谒居救己的回报。

于是，赵王在朝廷里把这件事揭露出来。

"张汤是国家重臣，属下鲁谒居有病，张汤竟然替他摩脚，也许两人共商阴谋叛变。祈请调查。"

赵王所以控诉他们两人，是有原因的。原来赵国制铁业非常兴盛，但当时制铁业由朝廷亲自经营，铁官（监督官）都由朝廷派遣。因而铁官即使发生事故，也不能由赵王审理，只能由赵王向朝廷提诉。

可是，每次铁官发生问题，由赵王向朝廷控诉，都被张汤驳回。因而赵王对他恨之入骨，一心一意寻找可以扳倒张汤的证据。加上鲁谒居曾经调查过赵王，赵王对他也怀恨在心。

赵王提出控诉后，即把案件交给廷尉审理。可是，鲁谒居已在调查期间病死。鲁谒居的弟弟也受牵连，拘在导官（少府的一部，掌选米）处。

张汤也在导官处调查其他囚犯，看到谒居的弟弟，有意暗中予以救助，但他却故意装出冷淡的样子。谒居的弟弟不知张汤心意，心怀怨恨，便请人上书控告张汤："张汤与哥哥谒居共谋陷害李文。"

武帝将此案件交减宣审理。减宣也以治法严峻有名。他跟张汤本有过节，承理此案后，倾全力寻根究底，欲揭发此事。

就在这时候发生了盗掘孝文帝陵墓，以取陵中陪葬铜钱的案件。丞相庄青翟与御史大夫张汤相约一齐去向武帝谢罪，以示监督不周。

可是来到武帝面前，张汤认为警卫皇帝陵墓是丞相的责任，跟自己无关，因而只有庄青翟向武帝谢罪，张汤却一声不吭。武帝下令御史调查此事。张汤有意用"见知之法"究治丞相。所谓"见知之法"是指看见或知道有人犯法而不检举，与犯者同罪。庄青翟知道后，忧心忡忡。因而丞相府三长史（约等于行政院秘书）朱买臣、王朝和边通也想借此机会扳倒张汤。

朱买臣等三长史以前地位都比张汤高，因事降职，担任丞相府长史。张汤知道他们以前都担任过中央要职，却常常借故侮辱他们，以显耀自己。如今，他们自然不会放过任何可以扳倒张汤的机会。

三人对丞相庄青翟建议说：

"张汤跟您相约向陛下谢罪，最后却出卖您，有意以见知之法治您，他的目的不外是想代您为相。非打倒他，这件事情无法了断。我们已经掌握可以打倒张汤的证据了。"

庄青翟立刻派人逮捕张汤的朋友——商人田信等，要他们指出张汤之罪，经严刑逼供之后，田信终于说道：

"张汤奏请陛下裁决财经事务时，我都事先知道，所以能够囤积货品，提高价格出售，获得许多利润，而且利润的一半都分给张汤。"

这些证词一一传到武帝那里，武帝问张汤："我在财经方面的作为，商人常常能够事先知道，想必有人把事情告诉他们，让他们能囤积居奇吧？"

这本是御史大夫所掌管的事务，有这种事情发生，御史大夫张汤无论如何都要谢罪。可是，张汤不仅不谢罪，反而假装吃惊，说道："这种事情很可能有。"

接着，减宣也把鲁谒居陷害李文的事上奏武帝。

到这时候，武帝也不能不觉得自己受张汤欺骗了，便任命八个审理人员依诉状调查张汤的罪行。张汤对所提罪行一一否认。

于是，武帝命令赵禹调查张汤案。赵禹本是跟张汤一起重订律令、最受张汤崇敬的人。张汤以兄长之礼事他。

赵禹见到张汤，便责备道："你太不知分寸啦。想想看，因你办案，而遭夷族（一家人皆处死）的人有多少？现在，人家对你所提出的罪状都有证据，天子不忍心治你罪，让你自寻了断。何必再多说呢？"

张汤终于下决心，向武帝提出书面报告，谢罪道："我张汤没有丝毫功劳，幸蒙陛下提拔，而从小小县吏荣升到御史大夫，我却无法完全尽到责任，实为汗颜。我本无罪，一切全因朱买臣等三长史设谋陷害所致。"

留下遗书，张汤自杀而死。

张汤死后，所留遗产不过五百金。这些钱全是武帝赐予的。此外，张汤并没有经营其他产业。

兄弟和儿子想厚葬张汤。张汤的母亲说："阿汤是天子的大臣，蒙受不白之冤而死，何必厚葬！"

于是，张汤的葬礼与一般平民没有什么不同，用马车载着遗体送到墓地埋葬。张汤的母亲想借此向人显示张汤生活并不富裕，财产并不多。

武帝知道这件事后，不禁感叹说："没有这样的母亲怎会生出这样的儿子？"

武帝于是重新调查这个案件，处死陷害张汤的三长史。丞相庄青翟自杀。

武帝为向张汤表示歉意，也提拔了张汤的儿子张安世。

4. 酷法下的民众

在公孙弘以古义主政，张汤以酷法为尚的时代，民众不是为重税所苦，就是为酷法所慑。能为他们表露心声的人实在不多。与汉武帝同时代的《史记》作者司马迁曾经描写当代社会趋向说：

"拘泥学问，怀抱小义，孤立于世的人往往还不如那些降低自己理想，迎合世俗，随世浮沉，以赢取声名的人。"

而且在当时社会中，地方豪强也跟中央的酷法重税一样奴役着一般老百姓。在这种状况下，"布衣之侠"、"闾巷之侠"，也就是一般民间的侠客，才能真正表现出民众的心声，司马迁说：

"郭解等人有时虽然干犯当时严酷的法网，但他们为人重义，廉洁而谦虚，很可称赞。他们的名声不是迎合世俗得来的。当时，有许多人成群结党，也有同宗的人互相结合，尽量奴役穷人，增加财富；有的地方豪强欺凌无依无靠的弱者，以满足自己的欲望。郭解这些民间侠客最瞧不起这类欺凌弱者的人。可是，社会一般人却不了解他们的心意，随便把他们看成豪强之辈，真叫人难过。"

在酷法与豪强的双重欺压下，同情民众的这些民间侠客，是怎么样的一种人？现以郭解为例，看看这些民间侠客的行谊。

郭解是轵（今河南济源）人，父亲也是一个民间侠客，在汉文帝时被政府处死刑。

郭解个子短小，精悍有力，从不喝酒。小时候，脾气暴躁，常杀人做坏事。长大成人后，一改过去的作风，谨慎而有节度，对人能以德报怨，给人多，而自己所取甚少。即使救了人家一命，也不会常常挂在嘴上，可是，有时候也难免控制不住原本暴躁的脾气，为小事而气愤不已。

郭解姐姐的儿子常假借郭解的威势欺压别人。有一次，郭解姐姐的儿子和人一起喝酒，那人已不胜酒力，他却持壶强灌，致为人怒杀。这人因怕郭解逃亡而去。

郭解的姐姐大怒说道："你以侠义自命，人家杀了我的儿子，却抓不到凶手，多可耻！"

姐姐为了刺激郭解，故意把儿子的尸体扔在路旁不葬。郭解不得已只好派人去访查凶手藏身之处。

凶手知道再也藏不住，便自动回来找郭解，把前后经过据实告诉郭解。郭解听了说道：

"你杀他也没有不对，是我的外甥错了。"

于是把凶手放走，承认外甥之罪，并亲自把外甥埋葬了。

洛阳有两个人彼此结仇很深，村里有权势的人居中调停，始终没有结果。于是有人请郭解去调停。郭解趁夜去见两个仇家，仇家说：

"郭兄既然出来说话，我哪有不听之理。"

郭解很高兴地说：

"多谢抬爱，无限感激。不过，我听说洛阳许多有地位的人出来替你们说和，你们都不肯接受。现在很感谢你们接受了我的意见，但我是外地人，这样岂不是让洛阳有地位的人丢脸了吗？所以请你们别声张，待我离去后，让洛阳有地位的人来说和，你们再听从他们的意见，好吗？"

两人立刻答应。郭解当夜离去，没有人知道他曾经来过。

武帝有意把各地有权有势的人迁到茂陵（武帝为自己预先兴建的坟墓）附近，借以削减地方势力，繁荣京师。郭解家贫，不合迁徙的规定。但是，县吏害怕郭解的影响力，想尽早让他离去。大将军卫青听到后向武帝说："郭解并不富裕，不合迁徙的条件。"

武帝说：

"一个小小的老百姓，竟然能使大将军来为他说话，可见他并不穷。"

于是郭解家人也列入迁徙的名簿里。启程时，地方富豪为他饯行，送了一千多万钱。

因为轵人杨季主的儿子任轵县掾（yuàn，副县长）把郭解全家列入迁徙名簿里。郭解哥哥的儿子就杀了县掾，两家因此结仇。

郭解迁入关中后，关中有权势的人，不管认不认得郭解，都知道他的名声，争先恐后跟他来往。

不久，郭解杀了杨季主，杨季主家人上书武帝控告郭解。上书的人竟在宫殿前被杀了。

武帝知道后，下令逮捕郭解。郭解把母亲和家人安置在夏阳（今陕西韩城南），自己逃到临晋（今陕西大荔）。

临晋籍少公本来不认识郭解。郭解冒名通过了关卡。籍少公放他出关后，郭解改变方向，转赴太原。

他每到一个住宿处，便预先告知下一个住处，所以捕吏能够追踪而来。追踪到籍少公那里时，籍少公知道所放的人竟是郭解，害怕朝廷追究，自杀而死，郭解的行踪因而断绝。花了好一段时间，朝廷才逮捕到郭解。

经过详细的盘查，郭解杀人都在武帝大赦之前，其罪早已免除，不能再审判他。

使者到轵县调查时，有一个儒生陪着使者。座中，有一客人大事赞扬郭解，儒生说：

"郭解做坏事，干犯皇上的法令，有什么好赞扬的？"

郭解的宾客听到后，就把这儒生杀了，还把儒生的舌头割掉。衙吏以这件事责问郭解。郭解其实不认识这个杀人凶手，凶手也逃逸无踪。衙吏向武帝上奏说：

"郭解杀人都在陛下大赦之前，不能以罪论处，应立刻予以开释。"

御史大夫公孙弘讨论到这案件时却说：

"郭解以平民做出任侠的行为，常为小小的仇怨而杀人。这次杀儒生之事，郭解虽不知道，但比郭解自己杀人还要严重，应该处以大逆不道的叛乱罪。"

公孙弘是儒者出身，对儒生被杀可能有切身之痛，才建议以大逆不道罪论刑。武帝接受公孙弘的建议，把郭解全家人都杀了。

司马迁说:

"我曾见过郭解,他的容姿还不及一般人,说话也平平凡凡,没有可取之处。可是,全中国不管贤者愚者,无论认识不认识,没有一个不仰慕他的声名。谈到侠客,也没有一个不举出他的名字。谚语说:'以声名为容貌,怎会衰退!'唉,真可惜,郭解竟然不能全其天年!"

第十章　匈奴与汉武三将军

——《匈奴列传》、《李将军列传》、《卫将军骠骑列传》

自战国时代，在中国北方的高原地带便有一支逐水草而居的游牧民族匈奴。匈奴人精于骑马射箭，常常侵入中国本土，杀害居民，夺取家畜。秦始皇统一中国后，曾派蒙恬率十万大军，把匈奴驱逐到北方，并筑长城防阻匈奴入侵。

楚汉之际，匈奴统一了蒙古高原一带的游牧民族，形成了一大帝国。汉高祖刘邦统一中国后，因韩王信投降匈奴，亲率大军北征，被匈奴大军围困于平城附近的白登，幸得陈平设计才脱离险境。从此，不得不与匈奴和亲，以刘姓宗女下嫁匈奴单于，并赠送酒米等物品给匈奴，以谋边境和平。吕后当政，匈奴单于寄书侮辱吕后，要与新寡的吕后享"男女之乐"，吕后也只能容忍。文帝虽曾一度北征，最后仍以对等的方式谋和，并赠送皇帝的衣服及其他衣物给匈奴，以宗室之女下嫁单于。可是，匈奴依然时时入侵使汉室大为困扰。到景帝时，匈奴虽无大规模入侵，但汉朝每年都要依约赠送物品，并让匈奴人在边境的关口与汉人进行交易。

到汉武帝时，朝廷对匈奴的政策才逐渐从守势转为攻势。本章即以征匈奴的三大名将李广、卫青和霍去病为主，观察汉与匈奴的征战关系。

1. 马邑之败

汉武帝即位后，仍然与匈奴维系着和亲关系，甚至比以前更厚待匈奴，开放关口，让匈奴与汉人进行交易，谷物与丝绢源源运到关口，使匈奴人需要的东西都能齐备。因而，匈奴人从单于以下到庶民，对汉朝都没有丝毫敌意，经常到长城下的关口来交易，或到长城下放牧。

事实上，武帝这种和亲政策，是打倒匈奴的一种策略。武帝为了使匈奴完全松懈对汉的防备，还派马邑（山西朔州）商人聂壹故意犯禁出长城与匈奴交易，并把匈奴所要的物品一一运出关去。匈奴人果然完全放心，并深信聂壹不疑。

于是，聂壹对单于说："我所住的马邑是一繁华城市，什么物品都有，如果大王有意夺那城池，我愿意帮忙。"

匈奴是一游牧民族，除了家畜之外，没有任何产业，吃的是兽肉，穿的是兽皮，对中国农产品和衣物向来极为向往。现在有中国商人愿意帮助夺取繁华的马邑，自然不会拒绝。

于是，匈奴单于率领十万骑兵越过长城进入武州（雁门）。而汉朝早在马邑附近埋伏了三十多万大军，只等匈奴军一到，便一举加以歼灭。

单于越过长城，走到距离马邑百里的地方，只见遍野都是家畜，却没有人放牧。

"奇怪，其中一定有诈。"

单于这么一想，便改变计划，攻击附近的亭（村庄）。依汉朝制度，接近长城的郡县，每一百里都设有尉一人、士史和尉史各二人驻守。当时，雁门尉史看到匈奴军，慌慌张张逃到亭里，被匈奴逮捕，单于要杀他。雁门尉史说："你杀我，你们必死无疑。"

"我们必死无疑？胡说八道！"

"不相信就杀好了。"

单于有点奇怪："好，如果你说得有理，我就放你。"

"你们受骗了，汉军正埋伏着要一举歼灭你们。"

"呵，埋伏在什么地方？"

"就在马邑附近。"

单于大吃一惊："我本来就怀疑了，果然不错。"

单于立即引军出塞回漠北。

汉军一直埋伏在马邑附近，单于就是不来，最后也只好撤军而归。武帝耗费无数心血想要一举歼灭匈奴的政策，终因一个小小尉史的泄密而归于失败。

从此，匈奴不再相信汉人，和亲关系也彻底崩溃。匈奴时时入侵边境，掠夺乡村。汉朝也关闭与匈奴交易的关口。匈奴与汉进入了武力战时期。

2. 神箭李广

在马邑埋伏预备突袭匈奴的汉军将领中，有骁骑（xiāo jì）将军李广在内。李广是陇西成纪人，先祖李信曾追击燕太子丹到辽东，累代都以善射名家。

汉文帝十四年（前166），匈奴的老上单于率领十四万骑从甘肃大举入侵，深入中国本土，李广以十四五岁的少年从军出征，因骑射技术卓越，掳杀了许多敌人，因功封为汉中郎（侍从官）。

李广常随从文帝攻城陷阵，或与猛兽格斗，豪勇无比，文帝不禁说道："很可惜，你真是生不逢时！如果生在高祖时代，得封万户侯，简直轻而易举。"

景帝即位后，李广担任陇西都尉，辅佐陇西郡太守，随即转任骑郎将（禁卫军骑兵队长）。七国之乱时，以骁骑都尉随太尉（陆军总司令）周亚夫征讨吴、楚，功勋显赫，却因故不得封赏。

其后，李广历任北方边境的郡太守，常与匈奴接战，所到之处均以力战闻名。

匈奴大举入侵上郡（陕西北部），景帝命令宫中宦官到李广部队去学习军事，以备万一。这宦官却带着几十个骑兵任情驰骋，跑出了汉朝的边境线，看见三个匈奴人，他们认为对方只有三人，必可手到擒来，便主动攻击这三人。这三个匈奴人立刻还手，射伤宦者，随从的骑兵几乎全被杀光。宦官逃回李广部里，李广说："那必是匈奴射雕的名箭手！"

李广立刻率领百骑去追那三个匈奴人。那三人步行无马。李广追了几十里便追上。李广命令部下从左右包围，自己亲自射那三人，射杀了两个，活捉了一个。一问之下，那三人果然是匈奴射雕的高手。

李广活捉了射雕人，正要上马，忽然看见有几千名匈奴骑兵，奔驰而来。李广不禁心中暗叫一声："糟糕！"

但那几千名匈奴骑兵看见李广他们只有寥寥数十人，也大吃一惊，纷纷奔上山头，布下阵势。

"啊！原来如此，他们以为我们是为诱敌而来。"

李广不愧胆大心细，豪勇无比，一看到敌人的动向，就知道对方的用意。可是，他的部属都惊慌失措，急欲逃回。李广说：

"不能逃，我们离大军有好几十里，绝对逃不回去。一逃，匈奴必然追过来，我们一个也逃不掉。如果我们镇静从容，留下不走，敌人必定以为我们是来诱敌的，就不敢向我们攻击。"

接着李广下令："前进！"走到了跟匈奴阵势相距两里的地方停下来。

"下马！"李广自己先下马，部属也跟着下马。

"解下马鞍，放在地上！"

李广的部属依令把马鞍解下放在地上。可是，部属中有人深以为惧。

"敌人那么多，又那么近，一旦危急，怎么办？"

"他们以为我们会走，我们解鞍下马，好让他们相信我们绝不走。这样他们就更不敢攻击了。"

果然如李广所说，匈奴兵以为汉朝大军就埋伏在附近，不敢发动攻势。

这时，匈奴军中有一个骑白马的将领，走出阵外，巡视军队。李广见了，立即上马率领十多名骑兵，奔驰过去，从山下往上射，射杀了那骑白马的将领。随即回到原处，解下马鞍，然后让部属放马自由活动，自己则跟部属横躺地上。

夕阳西下，天渐黑了，匈奴虽然觉得奇怪，还是不敢攻击。

到了半夜，匈奴以为汉朝伏兵会趁夜晚从旁攻击，引兵离去。

第二天黎明，李广才回到部队。部队中的人因为不知道李广的去处，所以没有去接应。

李广的机智与豪勇也传入朝廷。不久，景帝去世，武帝即位，李广升任未央卫尉（皇帝住处——未央宫的护卫队长）。马邑之役，李广以骁骑将军的名义参与其事。

马邑之役后，匈奴不时入侵。四年后，武帝首次派遣大军攻击匈奴，意图驱逐匈奴，不使入关。

这次战役分四路各率万人进击，卫青率军从上谷出击，斩获敌首百余；公孙贺从云中出击，没有斩获；公孙敖从代郡出击，为匈奴所败，失去了七千多人。

李广从雁门出击匈奴。由于匈奴兵多，李军大败，李广也被匈奴活捉。

军臣单于知道李广是一个不可多得的人才，很想得到他。李广大败，单于下令道：

"不可杀李广，必须活捉。"

匈奴生擒李广，李广当时受伤不能行动。匈奴便让李广躺在两马之间的络床上。前行约十多里，李广看到一个匈奴的少年骑着一匹良马正走在身旁。

"这是好机会！"

李广猛然跃起，推倒那少年，骑上马，夺得少年的弓箭，忍痛往南疾驰。数名匈奴追兵从后紧紧追逐，李广取出少年的弓箭，射杀追兵，才逃出敌阵。途中收聚了败残的军队，入关回国。

回国后，李广被捕问罪。审判官认为李广丧失许多士兵，又为匈奴生擒，论罪当斩。

匈奴活捉李广，为的是慕李广之名，准备善加礼遇；李广不愧是汉家勇将，虽负伤仍伺机逃回。但汉家对待他的却不问失兵缘由、被擒逃回状况，而是判处死刑。

幸而，当时有献赎金抵罪的方便之门。不然的话，李广这次就要死在武帝酷法之下。李广出了赎金，免去死罪，变成平民，家居狩猎度日。

李广回老家住了几年，又逢匈奴入侵辽西，杀了辽西太守。武帝又用得着李广了，在韩安国被武帝气死后，李广继韩之后任右北平（今河北省北部和辽宁省西部）太守。

李广镇守右北平，匈奴知道后，称他为"汉之飞将军"，好几年不敢到右北平来。前线无战事，一天，李广出去狩猎，见草丛中有只老虎，李广拔箭发射，射中了虎身。但走过去一看："呵，原来是块石头！"整个箭镞都已没入石中。

"奇怪，怎能如此！"

于是，李广回到原来的地方，拔箭再射，却再也射不进石头里去了。

李广为人清廉，若得赏赐就分给下属。饮食与士兵共享无别。直到李广逝世，所领俸禄二十余年都没有增加，家里没有多余的财产，他也从不谈财产的事。

李广个子高大，手臂很长（若在今日，想必可以作很好的棒球投手），善射可以说有其先天条件，别人学不来。他木讷，不善言辞，喜爱射箭，终生不变。

3. 大将军卫青

第一次伐匈奴的四位将领中，只有一个卫青有所斩获。而卫青在四位将军中出身最低微。

卫青的父亲郑季是县吏，配属在平阳侯家中执事；母亲是平阳侯的姬妾卫媪。所以卫青是私生子，冒姓卫。姐姐卫子夫后为武帝夫人，得宠幸，生子后升为皇后。

卫青幼少时归父亲抚养，父亲叫他牧羊。可是，父亲正妻的儿子都把他看成奴仆，不以兄弟相待。

他在平阳侯家服务，曾随侍平阳侯到牢狱去巡视。牢狱中有一囚犯会看相，看见卫青就说："你是贵人相，当可做官封侯。"

卫青听了笑道："我为人奴仆，只要不受笞杖责骂就够了，怎敢期望做官封侯！"

可是，姐姐卫子夫得武帝宠幸后，卫青的命运发生了大变化。武帝任命他做建章监，随即升任侍中。

元光五年（前130），第一次征伐匈奴时，卫青以车骑将军的身份从上谷出击匈奴。

两年后，武帝命令卫青第二次往征匈奴。卫青率领三万骑兵从雁门出击，斩杀并虏获敌人数千人；第二年，第三次征伐匈奴时，卫青率军从云中往西出击，平定了河南地（河套），再往西至陇西，斩杀虏获好几千名敌人，并得数十万家畜，击走了匈奴的白羊王和楼烦王，河南地置为汉朝的朔方郡，卫青因功被封为长平侯，囚犯的预言果然实现。

元朔四年（前125），匈奴右贤王（匈奴单于底下设有左右贤王，河套以东的内蒙古区域由左贤王掌理，以西由右贤王掌理）因恨汉夺河南地设朔方郡，不时侵入河南地，扰乱朔方郡，杀害

223

吏民甚多。

因而，第二年春，武帝命令卫青进行第四次征匈奴之举。卫青率领三万骑兵，与苏建、李沮、公孙贺、李蔡四将军从朔方出击，目标是匈奴右贤王的根据地。

右贤王以为汉军不会深入自己的大本营，还在饮酒，喝得醺醺然。想不到入夜后，汉军已悄悄掩至，包围了右贤王。

右贤王知道后，大吃一惊，与爱妾率领着几百骑兵趁黑夜突围向北逃去。卫青部下追逐几百里，没有追上。

右贤王虽然逃脱，汉军也获得大胜。虏获右贤裨（pí）王（副王）十多人，匈奴人民一万五千多人，还夺得了近百万的家畜。

武帝获悉此役结果后，非常高兴，派遣使者带着"大将军印"到长城。卫青班师回到长城，使者就把"大将军印"奉上。卫青赢得了当时军职的最高荣衔。

卫青凯旋归帝京，武帝慰劳说：

"大将军卫青亲率大军远征，获得大胜，虏获匈奴裨王十多人，加封食邑六千户，三子俱封为侯。"

卫青辞谢说：

"此次战役获得大胜，是靠陛下的神威和各位将领奋勇作战才得到的。陛下加封六千户，臣已觉受之有愧。我的儿子还在襁褓，未为国家尽一点力，遽封为侯，无法激励士卒，怎敢接受？"

"我不会忘记诸将的功劳，请放心。"

于是，武帝依各将领的功劳，各封为侯，赐给食邑地。

第二年春天（元朔六年，前123），大将军卫青率领公孙敖、公孙贺、赵信、苏建、李广、李沮等出击匈奴，斩敌首数千。过了一个多月，再度出塞攻击匈奴，斩获一万多人，获得了大胜利。可是，苏建和赵信所率领的三千多骑兵，碰见了单于的主力部队，苦战一天多，汉军几乎全军覆灭。

赵信本来是匈奴的将军，兵败投降汉朝，因功封为翕（xì）侯。这次战役，赵信跟苏建以少击多，全军已丧失殆尽。赵信知道为汉作战，只许胜不许败，败必见罪，问斩，加上匈奴不停呼吁，赵信便以所余八百骑，投降了单于。

右将军苏建全军覆没，独个儿逃归大将军卫青处。

卫青立刻召开军法会议，讨论苏建之罪。卫青问军法官和议郎："苏建该当何罪？"

议郎说："自大将军率军出击胡人，不曾斩过部将。现在，苏建丢了部队，自己逃回，应该问斩，以示将军之威。"

军法官说："不应该问斩。所谓'寡不敌众'，苏建的情形正是如此。苏建以数千人抵挡单于数万人，激战一天多。虽然全军尽没，仍不敢怀有二心，奔驰而回，可见其忠。如果失军逃回就处死，以后谁还敢回来。"

军法官说得入情入理，卫青依法自可决定苏建的罪状，可是卫青却说："我以大将军统率诸将，不怕没有威名，所以不必为了立威斩苏建。我在职权上应该有权论处苏建，但是皇上相信我，我不能擅自在境外论部将之罪，还是回朝后请示皇上，由皇上亲自裁决，以示做人臣子不敢专权独断，不知各位意下如何？”

军法官和议郎自然没有异议，于是把苏建关起来，随军送回京师。

依武帝以往的事例，苏建自然无法逃过降为庶民的命运。回京师后，武帝论罪，苏建出赎金，赎为庶民，以前的功勋一笔勾销。

4．少年将军霍去病

在这次随卫青北伐匈奴的将领中有一少年将军，名叫霍去病。

霍去病是卫青的外甥。卫青有三个姐姐。大姊卫孺嫁给太仆公孙贺为妻；三姊卫子夫是武帝皇后；二姊卫少儿与小吏霍仲孺私通，生下霍去病，所以霍去病也跟卫青一样是私生子。霍去病出生时，霍仲孺离开卫少儿母子回到故乡。后来，卫少儿又与陈平的曾孙陈掌私通，妹妹卫子夫得武帝宠爱后，卫少儿才与陈掌正式结婚，霍去病也在陈掌家中抚养长大。

霍去病十八岁时，因阿姨卫子夫（已封为皇后）的关系，应召入宫担任侍中。元朔六年（前123），随舅舅卫青出击匈奴。此役，汉军虽胜，却失去了两员大将赵信和苏建。赵信投降匈奴，苏建被降为庶民；卫青亦因此没得加封，而霍去病则为此役斩获最多的将领，被封为冠军侯，食邑一千六百户。

元狩二年（前121）春天，霍去病年方二十，以骠骑将军，独当一面，领军往陇西方面攻击匈奴。经过焉支山（在甘肃山丹县），西进一千多里，与匈奴大军激战，杀了折兰王和卢胡王，俘虏浑邪王的儿子和相国、都尉，斩敌首八千多具，还夺得休屠王祭天的金人（铜像）。班师回国后，论赏加封两千户。

同年夏天，汉军出击匈奴。李广与通西域的张骞从右北平（河北省北部）攻击匈奴；霍去病与公孙敖从陇西方面袭击匈奴。

李广军从右北平北征，行数百里，为匈奴左贤王四万骑所围，李广军队只有四千骑。李广军看见敌人排山倒海般缩小包围圈，莫不恐惧万分。李广为安定军心，命令儿子李敢率领数十骑，奔向匈奴军，穿越敌人包围圈，再往敌军左右奔绕一圈回来，对李广说道："敌军很容易对付。"

李广军心才稳定下来。

不久，匈奴军发动攻击，矢如雨下。汉军死伤过半，箭也快用完。于是，李广下令士兵按箭上弓，不得擅自发射，自己拿起能发连珠箭的特制大弓，射杀了好几名敌将，敌军的攻势才放松。

刚好这时天已渐黑，双方罢战。汉军士兵个个面无人色，只有李广神色自如，重新整顿军队，军中士兵莫不佩服李广的豪勇。

第二天战斗又开始，李广军仍然奋勇作战，适逢张骞援军赶到，匈奴军终于离去。此役，张骞因延误行期，论罪当斩，同样赎为庶人。李广虽奋勇作战，却因战功不多，没有任何赏赐。

另一方面，霍去病与公孙敖分道从陇西出击。霍去病军越过居延，到了甘肃的祁连山，俘虏了单于阏氏（yān zhī，单于妻子）及太子、相国、将军等六十三人，斩敌首三万人以上，因功加封五千户；而公孙敖因迷途也遭遇了与张骞同样的命运。

霍去病所以能连战皆捷，主要是他的部队比其他老将的部队优良，有最好的将领、士兵和马匹。也就是说，出征时，武帝都让他先选精兵良马，选剩的才分给老将。有了精兵良马，而霍去病又胆大勇敢，身先士卒，战胜的机会更多。此外，其他老将，如李广等，往往运气不佳，虽身先士卒，亦无战功可言，而霍去病却有天大的好运，不曾遭到任何困厄。其实，在困厄下能临危不乱扭转局面，才看得出大将的真本领。然而，就在这幸与不幸之间，霍去病的功勋一天显赫一天，武帝也越来越相信他，霍去病的地位已与大将军卫青相埒。

由于霍去病此役的大捷，匈奴西边防线已崩溃。单于大怒，想杀浑邪王。浑邪王恐惧，向汉投降。武帝怕其中有诈，便派霍去病率军去迎接。

霍去病军渡过黄河，与浑邪王军队相望。浑邪王的部将看到汉军，有许多不愿意投降，想逃走。霍去病乘势驱军奔入匈奴军中，斩杀了八千多个想逃亡的人，然后用马车载着浑邪王，先送回长安，自己再领着投降的匈奴人回到长安。

武帝赏赐这些投降的匈奴人几十万金，封浑邪王为漯阴（今河郾城区）侯，食邑万户。霍去病也加封一千七百户。

浑邪王投降后，从大汉到西域的通道上，匈奴势力已完全被驱除。这通道——即河西地——也成了大汉的领土。可是，漠北还有匈奴的根据地，所以什么时候会再度入侵大汉领土，仍未可知。

5．沙漠上的大决战

果然，不久之后，匈奴单于亲率大军侵入右北平和定襄（山西定襄），杀了一千多名汉人。因而，要想使匈奴不再侵扰边境，唯一的办法只有粉碎匈奴的根据地。

元狩四年（前119）春天，武帝决定大举攻击匈奴的根据地，组织了大规模的征匈奴军。卫青和霍去病担任这次总攻击的司令官，各率五万骑兵和几十万步兵部队和运输部队。而精锐部队都归霍去病指挥。

霍去病军从定襄出击，指向单于根据地。后来听俘虏说单于据点在东边。于是，武帝更改命令，由霍去病率军从代郡（山西大同）向东北进击，而卫青从定襄向西北进击，准备分两路向匈奴发动总攻击。

卫青军离开长城前行千余里，意外地碰到单于军严阵以待。原来单于听从汉降将赵信的计谋，认为汉军远渡沙漠，人马俱疲，可一举而消灭，便把辎重运到北方，自率精兵等待卫青部队。

卫青遇见匈奴兵，用兵车围成圆形，构筑战阵，而令五千骑冲匈奴军；单于也派出万骑迎战。这时，太阳刚要下山，突然起了大风，飞沙走石，击人脸面。两军彼此见不到对方。卫青立即下令左右两翼包抄单于。

单于见汉兵众多，士气高昂，再战下去，对匈奴不利，便乘着六头马车，率领几百个骑兵，直冲汉军，突围往西北奔驰而去。

两军继续战斗到天黑，双方死伤相当。

从俘虏口中知道单于早已离去，卫青立刻派轻骑军追踪，自己率大军从后掩护，匈奴军也不再恋战，纷纷逃走。到第二天清晨，汉军已追逐两百多里，仍为单于逃逸而去。此役，卫青军斩杀、捕获了一万多人，并得匈奴积存的粮食，给匈奴致命的打击。单于逃逸，很久无法与匈奴人会合，右谷蠡王以为单于已死，自立为单于。后单于回归根据地，右谷蠡王遂去单于称号，仍任原职。

此役，飞将军李广也参加了卫青的部队。原先，李广请武帝让他随军出征，武帝认为李广年纪已大，不肯答应。李广一再请求，武帝才答应他随卫青出征，任前将军（先锋部队司令）。

出长城后，卫青知道了单于所栖之处，想亲自率军攻打，便命令李广与右将军一起改走东道。可是，东道不仅要绕路而行，同时水草缺乏，骑兵队容易迷路，且不易通行。因而，李广向卫青请求说：

"我是前将军。前将军理应率领先锋部队直接攻击匈奴。现在，大将军为何叫我从东道走呢？我从少年时候就与匈奴交战，现在才有机会跟单于直接交锋，我愿领先跟单于拼死一斗。"

可是，大将军临行前，武帝曾对他说："李广年纪已大，而且屡战屡败，不要让他与单于正面交锋，以免失去了擒拿单于的机会。"

此外，少年时曾救过卫青性命的公孙敖，刚赎为庶民，卫青有意让他在这次战役中跟单于正面交锋，以立功勋，恢复封邑。因此，不管李广怎么要求，卫青就是不肯答应，并下正式命令给李广说："速依命令，从东道出击！"

李广只好奉命，满心不平地率军跟右将军一起从东道出击。由于没有向导，果然在沙漠中迷失了方向，以致无法在预定日期跟大将军会合。大将军追击单于，无功而回，向南越过沙漠，才遇前将军李广等人。

卫青命令长史带着食物和酒去见李广，顺便调查李广等迷路的情形，以便向皇帝提出详细的军事报告。李广还没回答。卫青又派长史严责李广说：

"速到大将军处，报告一切！"

"我的部下都没罪，是我自己迷失了道路。我会马上做成报告书，到大将军那里。"

长史离去后，李广召集部属，说："我自少年以来已跟匈奴打了大小七十多仗。这次本以为可以幸运地跟单于短兵相接，想不到大将军竟把我调去走远路，偏又迷失了道路，这难道不是天意吗？我现在已六十多岁，哪堪再受军法小吏的调查与侮辱！"

说完话，李广拔刀自刎而死。李广所部全军，无论将领士卒，莫不悲哭。老百姓知道后，无论认识与否，不管老人或年轻人，个个悲伤垂泪，哀悼李广的死。

霍去病这方面本是对准向东移动的单于而从代郡出击，但遇到的却是据守匈奴东方据点的左贤王。霍去病率领李敢出代郡前行两千里，遇见匈奴左贤王，接战，大胜。斩敌首七万多，左贤王逃走，霍去病军直达瀚海而还。

霍去病斩获比卫青多，加封霍去病五千八百户，部下也都依功封赏。大将军卫青及其部下则没有任何赏赐。

武帝又新设大司马，令卫青与霍去病充任其职。两人的地位已相当，福禄也相同。从这以后，大将军卫青的声望逐渐下降，而霍去病却日益显赫。因此，卫青的朋友和宾客大都离开卫青，投奔霍去病，因为投奔霍去病，更容易获得官职。

从卫青和霍去病攻击匈奴根据地以后，匈奴已迁移到漠北，长城附近再也见不到匈奴人，这次战役，汉兵死了好几万人，马匹也丧失十一万。在这些连绵不绝的战役中，汉朝充裕的财政逐渐耗尽，马匹也大为减少，已经无力再越过长城，征伐匈奴了。两年后，元狩六年（前117），霍去病去世，年仅二十四岁。

武帝的这三位将军李广、卫青与霍去病，对部属的态度极为不同。李广爱护士兵，受到赏赐都分给部属，与士兵共饮共食。出征赴沙漠，缺水时，发现水源一定先让士兵喝；缺粮时，获粮先让士兵吃，而自己不吃，所以士兵都非常爱戴李广。

卫青对人仁慈退让，以和柔讨好武帝，但却没有一个人称赞他，其虚矫概可想见。

霍去病少年得志，果敢自傲，往往置士兵生死于不顾。每次出征，霍去病都带着数十辆车，回来时车中仍有吃不完的肉类，士兵却面有饥色。在塞外，士卒缺粮，打不起精神，霍去病却吃得饱饱的，还玩踢羽球的游戏。其自私自利，由此可见一斑。

这三位将军对待士卒如此不同，遭遇也迥然而异。与士卒同甘共苦的李广可说是一生没有好运气的悲剧人物；而虚矫的卫青与自私的霍去病却是得天惠的幸运者。不过，霍去病在战场上虽得天独厚，在寿命方面却不得天赐。就霍去病的一生而言，实令人有天道无常之感。

附录

三皇本紀第一上　小司馬氏撰并註　史記一上

太史公作史記以五帝為首者自開闢以來當代者當代古今君臣宜居首也戴禮以大戴禮為五帝本紀自黃帝已下故因以五帝為首篇又叙自黃帝已下皆敘首既論古史不合全闕近代皇甫謐作三五曆皆論三皇已來事期亦近聊之證亦補闕云作三五曆皇甫謐亦採而集之作三皇本紀雖復淺近聊補闕云

太皞庖犧氏風姓代燧人氏繼天而王母曰華胥履大人迹於雷澤而生庖犧於成紀蛇身人首有聖德仰則觀象於天俯則觀法於地旁觀鳥獸之文與地之宜近取諸身遠取諸物始畫八卦以通神明之德以類萬物之情造書契以代結繩之政於是始制嫁娶以儷皮為禮結網罟以教佃漁故曰宓犧氏

帝王世紀以雷澤名即舜所漁之地在濟陰成紀亦地名按地名即庖犧所生處

按事出漢書中考伏犧歷志宓音伏

制嫁娶以儷皮為禮也

附录一：谈司马迁与《史记》

一

据《史记·太史公自序》说，在公元前 9 世纪左右，司马家就世袭史官的职位，史官掌王室的记录，也掌天文、祭祀与律历。后来，司马家离周赴晋。其后即分为好几支，有的在卫，有的在赵，有的在秦，秦的这一支即是司马迁直系的祖先。

从秦到汉，司马家大抵都出仕皇室为武人或官吏。直到司马迁的父亲司马谈才出任史官之职，为太史令。景帝中五年（前 145），司马迁生于龙门（陕西韩城市）。依李长之考证，司马迁生于武帝建元六年（前 135），距景帝中五年约晚十年（见李长之著《司马迁之人格与风格》）。另有其他说法。今依一般说法，以公元前 145 年为断。

司马迁生长在知识分子家庭，很早就开始启蒙读书。"年十岁则诵古文"（《太史公自序》），以十岁稚龄，从孔安国读《尚书》（《汉书·儒林传》）。

司马谈任太史令在建元元年（前 140），时司马迁年仅六岁。亦即六岁前，司马迁在龙门过着耕牧生活。父亲任太史令后，移居茂陵显武里。茂陵是武帝为自己所建的陵墓，在首都长安西三十公里处。为营建茂陵，武帝强迫豪商移居此处，若非豪商，愿移居者由政府给予二十万钱和田地两百亩。《游侠列传》中的郭解曾被迫移居于此，司马迁也在此见过郭解。茂陵在武帝有意经营之下已逐渐形成一个新兴都市。司马迁从六岁起到二十岁出任郎中，大概就住在这里，也可能常常往返长安和茂陵之间，一方面从孔安国等读书，奠下学术基础；一方面与茂陵的都市居民来往，养成"不羁之才"（《报任少卿书》）。

二十岁前后，首度出外旅游。此即本书导读中所说的第一次外游。回来后，即出任郎中。

司马迁如何当上郎中，《太史公自序》没有明述。当时任官的方法约有五种。第一是推荐制，其项目为"贤良、方正、茂材、异等、直言、极谏、兵法、孝廉"。凡道德有可称述，或通一艺者，皆可为官。公孙弘即由此途径任官。第二是考试及格者，如太史试学童，能读写九千字以上者可为吏。试六体，及格者可任尚书、御史或史书令史。第三是任子制，父兄食禄两千石以上者，子弟可为"郎"。家财众多者，亦可为"郎"，此即"富赀"制。第四是买官，即用钱买官，其价不定。第五是依公孙弘建议，设博士弟子五十人，亦即十八岁以上品行优良者可任博士弟子。一年后考试及格，可任文学、掌故。此法通过后，俸禄低而勤学（儒学）者亦可为官。

司马谈任太史令，禄六百石，任子之途行不通；司马家非豪商巨农，富赀、买官也不可能。所以，司马迁出任郎中，可能是凭学力得来的。

出任郎中后，司马迁第二度因公离开长安出游，"奉使西征巴、蜀以南，南略邛、筰、昆明，还报命"（《太史公自序》）。《史记集解》说："元鼎六年，平西南夷，以为五郡。其明年，元封元年（前110年）也。"元封元年是汉武帝第一次封禅泰山之年。这一年也是司马迁从西南夷回都的时候。司马迁一回首都就碰到父亲司马谈临死的局面。司马谈之死，据《太史公自序》说，是因为不能参加封禅大典，故"发愤且卒"。为何不能参加封禅？可能是因为生病或其他突发事故。不能参加封禅何至于就"发愤且卒"？因为太史公除掌管皇室记录与文献之外，也掌管天文与祭祀。而封禅是祭祀天地的大典，身居太史令不能参与此事，对司马谈这个忠于职守的人来说，可能是一件奇耻大辱，而其激越的性格，更助长了他的"气愤"之情（这是从司马迁的性格逆推而论），以至于"发愤且卒"。天文、祭祀之职既不能圆满达成，只有寄望于自己另一职务——整理皇室文献记录能毕竟全功，但自己的生命已至极限，势必无法完成，只有交托于儿子司马迁了。

子迁适使反，见父于河洛之间，太史公（司马谈）执迁手而泣曰："余先周室之太史也。自上世尝显功名于虞夏，典天官事。后世中衰，绝于予乎？汝复为太史，则续吾祖矣。今天子接千岁之统，封泰山，而余不得从行，是命也夫，命也夫！余死，汝必为太史；为太史，无忘吾所欲论著矣。且夫孝始于事亲，中于事君，终于立身。扬名于后世，以显父母，此孝之大者。夫天下称

238

诵周公，言其能论歌文、武之德，宣周、邵之风，达太王、王季之思虑，及于公刘，以尊后稷也。幽厉之后，王道缺、礼乐衰，孔子修旧起废，论《诗》、《书》，作《春秋》，则学者至今则之。自获麟以来，四百有余岁，而诸侯相兼，史记放绝。今汉兴，海内一统，明主贤君忠臣死义之士，余为太史而弗论载，废天下之史文，余甚惧焉，汝其念哉！"迁俯首流涕曰："小子不敏，请悉论先人所次旧闻，弗敢阙。"

司马谈把纂写历史的责任交给司马迁，司马迁也接受了。司马谈死时，司马迁约三十六岁。三年后，亦即司马迁三十九岁左右，继父职为太史令。

司马迁从二十多岁任郎中，一直到三十九岁左右都没有升迁，官运着实不佳。到三十九岁出任太史令，也只不过从秩禄三百石的郎中升到六百石的太史令。从三十九岁到四十二岁，以太史令身份参加修历工作，完成了《太初历》。《太初历》完成后，武帝即改元为太初。太初元年为公元前104年。从此，司马迁开始着手写《史记》，当然在此之前，他已"紬史记石室金匮之书"。

在司马迁就任太史令以前，汉代的思想气氛已跟以前大不相同。众所周知，秦以法家思想为统治基础，汉初尚黄老之术。到汉武帝时，黄老之术逐渐后退，儒家思想日益显彰。在这过程中，崇黄老之术者仍然存在，如汲黯即是。司马谈也"习道论于黄子"，而"黄生好黄老之术"（《史记集解》）。

儒家思想已逐渐成为国家正统之学。建元元年（前140），董仲舒建议以儒学为国家正统之学，武帝接受。五年后设五经博士，儒家思想日益兴隆。建元元年，司马迁六岁；设五经博士时，司马迁十一岁。司马迁"诵古文"时，儒家已渐成国家承认的正统之学，司马迁受儒家影响概可想见。

而当时阴阳五行说也日益盛行。阴阳五行说乃战国时代邹衍所提倡，专门解释万物变化之理。阴阳说是将现世存在的天地、日月、寒暑、明暗、昼夜、山川、男女、奇数偶数等一切事物均分为阴与阳，两者调和才形成自然。五行说是将万物的推移变化还原为木、火、土、金、水五元素的变化，由此而产生五行相胜说与五行相生说。五行相胜说是指木克土、金克木、火克金、水克火、土克水的变化过程。五行相生说则指木生火、火生土、土生金、金生水、水生木的变化过程。五行不仅与黄、青、赤、白、黑五色，中央、东、南、西、北五方，春、夏、中、秋、冬五季相对应。每个朝代也有与五行相对应的德，朝代的交替也即是五德的推移。例如《史记·周本纪》说："武王渡河，中流，白鱼跃入王舟中，武王俯取以祭。既渡，有火自上复于下，至于王屋，流为乌，其色赤。"白是殷的正色，赤是周的正色。白为金德，赤为火德。火克金，意旨周灭殷。又如《高祖本纪》中有赤帝子斩白蛇的故事。秦为金德，尚白，汉为火德，尚赤。火克金，故汉灭秦。

再者，天人合一之说在当时也甚流行。天人合一之说也可以说是天人相关说。古代中国人相信，天上有一个最高的神天帝支配着人。但天帝"无声无息"，人无法直接探知其意志，因而认为天上的日月星辰的动态与变化会表现出天帝的意思，亦即天文现象是天帝对人的意志表现，天和人有密切关系。因而一旦发生天地变异，就显示地面上的人德有未修，必须深加反省。儒者董仲舒通此理，他"以春秋灾异之变推阴阳所以错行，故求雨闭诸阳，纵诸阴，其止雨反是"（《史记·儒林列传》）。

司马迁身任太史令，主管天文历法，想必也相信天人相关说。例如，秦国统一天下，"非必险固便形势利也，盖若天所助焉"（《六国年表》）。汉高祖以平民起兵反秦，拥有天下，司马迁说："岂非天哉，岂非天哉！"（《秦楚之际月表》）。《魏世家》论赞说："说者皆曰魏以不用信陵君故，国削弱至于亡，余以为不然。天方令秦平海内，其业未成，魏虽得阿衡之佐，曷益乎？"这些都显示司马迁相信天人相关说。

司马迁虽然相信天人相关说，虽然受当时的思想气氛影响，但他毕竟是个历史学家，历史叙述必须客观。在客观叙述中自能显示其历史法则。

司马迁尝学于董仲舒（参阅日人加地伸行《史记》第 18 页），亦曾从学孔安国。孔安国治古文《尚书》，《尚书》就某种意义而言，也是历史著作或史料集。司马迁学此可能已培育起他重视史实的精神。董仲舒治《春秋公羊传》，公羊学是历史哲学、历史解释学，欲在历史中求其法则性；司马迁对春秋公羊学似乎颇

241

为心仪。在他担任太史令，跟上大夫壶遂讨论历史著述时，他称赞《春秋》说："夫《春秋》，上明三王之道，下辨人事之纪，别嫌疑，明是非，定犹豫，善善恶恶，贤贤贱不肖，存亡国，继绝世，补敝起废，王道之大者也……故《春秋》者，礼义之大宗也，夫礼禁未然之前，法施已然之后。法之所为用者易见，而礼之所为禁者难知。"壶遂问他写史是不是想比拟《春秋》笔法，司马迁却说："且余尝掌其官，废明圣盛德不载，灭功臣世家贤大夫之业不述，堕先人所言，罪莫大焉。余所谓述故事，整齐其世传，非所谓作也，而君比之于《春秋》，谬矣。"（《太史公自序》）在此，司马迁已明显指出他著史的方针是"述故事，整齐其世传，非所谓作也"，亦即在于客观的叙述，而无《春秋》笔削之意。

司马迁确定撰述方针之后，从太初元年（前104）开始提笔撰写。五年后，司马迁四十七岁时，突然遭遇了李陵事件。在他的人生历程中，李陵事件给他带来了莫大的变化，甚至是屈辱性的变化。

二

在武帝时代，讨伐匈奴之役约可分为两个阶段。前一阶段，从元朔元年（前128年）到元狩四年（前119），以李广、卫青、霍去病等为征匈奴主角，在河套地方设了朔方郡，在河西设了四郡，是汉武帝对外扩张政策最辉煌的时期。后一阶段，从天汉二年（前99）到征和三年（前90），前后约十年，是以李广利为征匈奴战争的主角，但是这一阶段的成果并不丰硕。天汉二年，李陵败降匈奴；征和二年，李广利又败降匈奴。

李陵是神箭飞将军李广的孙子，"善射，爱士卒"，"天汉二年秋，贰师将军李广利将三万骑击匈奴右贤王于祁连天山，而使陵将其射士步兵五千人出居延北可千余里，欲以分匈奴兵，毋令专走贰师也。陵既至期还，而单于以兵八万围击陵军。陵军五千人，兵矢既尽，士死者过半，而所杀伤匈奴亦万余人。且引且战，连斗八日还未到居延百余里，匈奴遮狭绝道，陵食乏而救兵不到，虏急击招降陵。陵曰：'无面目报陛下。'遂降匈奴。其兵尽没，余亡散得归汉者四百余人。"（《史记·李将军列传》）李陵以少击众，败降匈奴的消息传到京师后，朝野的怨怼全集中在李陵家人，而司马迁虽与李陵并非至交，对李陵的为人却有相当的了解，"仆观其为人，自守奇士，事亲孝，与士信，临财廉，取与义，分别有让，恭俭下人，常思奋不顾身，以徇国家之急，其素所蓄积也。仆以为有国士之风。"（《报任少卿书》）。至于李陵之败降，司马迁也有同情的了解，"李陵提步卒不满五千，深践戎马之地，足历王庭，垂饵虎口，横挑强胡，仰亿万之师，与单于连战十有余日，所杀过半当，虏救死扶伤不给，旃裘之君咸震怖，乃悉征其左、右贤王，举引弓之人，一国共攻而围之。转斗千里，矢尽道穷，救兵不至，士卒死伤如积。然陵一呼劳军，士无不起，躬自流涕，沫血饮泣，更张空拳，冒白刃，北向争死敌者"。李陵"身虽陷败，彼观其意，且欲得其当而报于汉；事已无可奈何，其所

摧败，功亦足以暴于天下矣。"（同上）

基于这种认识，司马迁认为李陵之败降有其苦衷。所以当武帝以此事下问时，司马迁不顾一切，推举李陵之功，"欲以广主上之意，塞睚眦之辞"，想不到武帝却以为司马迁在指责宠妃李夫人的哥哥李广利不救李陵，将之下狱，接着又传来李陵训练匈奴军队的消息，司马迁遂被处死刑。

日人加地伸行以《平准书》的内容为线索，认为司马迁被下狱，不单是为李陵辩护，因为单为李陵辩护，暗责李广利，应不至于触怒武帝，以至下狱。加地认为，司马迁为李陵辩护时，一定也批评了武帝的匈奴政策。因为在《平准书》中有一大半内容都在描述汉代财经由汉初以来的富裕到武帝时经济破绽的过程。而经济破绽的原因又来自征伐匈奴（见《酷吏列传》）。所以，加地认为，司马迁借李陵事件批评武帝匈奴政策的可能性很大。

被处死刑，有两种方法可以减轻罪行，得免于死。一种是以金钱赎罪。《史记》中常有"当斩，赎为庶人"的记录，而且常出现在武帝时代，如李广、张骞等都曾亲身经历。天汉二年的赎金须五十万钱（《汉书·武帝纪》）。而太史令的秩禄六百石约合钱三千五百，则一年收入仅钱四万两千（见褚道庵《两汉官俸蠡测》，《食货》第一卷十二期）。所以要靠薪俸来赎罪，除非十年不吃饭。当然，有丰厚的家产另当别论，可是司马迁"家贫，货赂不足以自赎；交游莫救，左右亲近不为一言"（《报任少卿书》）。以钱赎罪，行不通。

第二种方法是接受"宫刑"，司马迁要免死刑，只有接受这种戏弄人的刑罚——割切生殖器。这种刑罚一般读书人都宁死不愿接受，而司马迁却毅然接受，他自述其接受宫刑的心境说：

> 仆又佴（èr）之蚕室，重为天下观笑。悲夫，悲夫！事未易一二为俗人言也。仆之先人非有剖符丹书之功，文史星历近乎卜祝之间，固主上所戏弄，倡优所畜，流俗所轻也。假令仆伏法受诛，若九牛亡一毛，与蝼蚁何以异？而世又不与能死节者，特以为智穷罪极，不能自免，卒就死耳。何也？素所自树立使然也，人固有一死，或重于泰山，或轻于鸿毛，用之所趋异也。（《报任少卿书》）

父亲遗言这时可能已萦回胸际："夫孝始于事亲，中于事君，终于立身。扬名于后世以显父母，此孝之大者。"因而在有"素所自树立使然"的自觉下，虽有"身毁不用"（《太史公自序》）之悲，仍然接受他称为"最下腐刑极矣"（《报任少卿书》）的"腐刑"（宫刑）。因为他不能死，"仆虽怯懦欲苟活，亦颇识去就之分矣。何至自沉溺于缧绁（léi xiè）之辱哉？且夫臧获婢妾，犹能自引决。况仆之不得已乎？"他"不得已"而苟且偷生，是因为父亲交代的工作——续《春秋》还没有完成，"所以隐忍苟活，幽于粪土之中而不辞者，恨私心有所不尽，鄙陋没世，而文彩不表于后世也。"（同上）

于是，他想起了过去与自己同样际遇的人。他们没有被不幸际遇打倒，反而挺身而起，克服了不幸，完成了不朽名著，获得了永恒的生命。

夫诗书隐约者，欲遂其志之思也。昔西伯拘羑里，演《周易》；孔子厄陈蔡，作《春秋》；屈原放逐，著《离骚》；左丘失明，厥有《国语》；孙子膑脚，而论《兵法》；不韦迁蜀，世传《吕览》；韩非囚秦，《说难》、《孤愤》；《诗》三百篇，大抵贤圣发愤之所为作也。此人皆意有所郁结，不得通其道也，故述往事，思来者。（《太史公自序》）

在父亲遗言"扬名于后世，以显父母"的大孝之下，克服"为乡党所笑，以污辱先人"（《报任少卿书》）的不孝意识，一定要完成《史记》，接续孔子的伟业。这使他不惧耻笑，以"刑余之人"挺身而起，以永恒的名山之业，克服短暂的有身之辱。

仆窃不逊，近自托于无能之辞，网罗天下放失旧闻，略考其行事，综其终始，稽其成败兴坏之纪。上计轩辕，下至于兹……亦欲以究天人之际，通古今之变，成一家之言。草创未就，会遭此祸，惜其不成，是以就极刑而无愠色。仆诚以著此书，藏之名山，传之其人，通邑大都，则仆偿前辱之责，虽万被戮，岂有悔哉！（《报任少卿书》）

可是，命运仿佛跟司马迁开玩笑一样，李陵为匈奴训练军队的消息，原来是误传。替匈奴训练军队的不是李陵，而是李绪。消息虽已证明为误，司马迁却已遭受腐刑，再难挽回。而司马迁在《报任少卿书》中一再称为"英主"的武帝，似乎毫无愧疚之心，仍然让司马迁在牢中囚了两年。到改元太始（前96年），大赦天下，司马迁才出狱，任中书令，时年五十。出狱后，司马迁继续写《史记》，大约到武帝末年（前86年）才完成。

三

司马迁虽然凭使命感与意志力克服了肉体残缺的深重屈辱，但他毕竟是人，在非正义的社会，受非人的刑罚，有血性的人自然难免有意无意之间在自己行为中表露出受创的反应。若是著作家，流露于著述中的可能性更大。

经过腐刑之后，从某种意义来说，司马迁已是残缺之人，因而在潜意识中他对残缺的人似乎特别关心。现以"失明"为例，观看《史记》中的记载。

（1）《吕太后本纪》："太后遂断戚夫人手足，去眼，煇（xūn）耳，饮喑药，使居厕中，命曰人彘。"

（2）《伍子胥列传》：伍子胥"告其舍人曰：必树吾墓上以梓，令可以为器；而抉吾眼悬吴东门之上，以观越寇之入灭吴也。"

（3）《刺客列传》：聂政"杖剑至韩，韩相侠累方坐府上，持兵戟而卫侍者甚众。聂政直入，上阶刺杀侠累，左右大乱。聂政大呼，所击杀者数十人，因自皮面决眼，自屠出肠。遂以死。"又，荆轲的挚友高渐离欲刺秦始皇以为荆轲报仇，为人识破。"秦皇帝惜其善击筑，重赦之，乃矐其目。使击筑，未尝不称善。稍益近之，高渐离乃以铅置筑中，复进得近，举筑朴秦皇帝，不中。于是遂诛高渐离。"

在上述数例中，"失明"原因各不相同，除高渐离为复仇意志而忍受躯体残缺之痛外，都与愤懑和震怒有关，戚夫人之"失明"是因吕后愤怒。伍子胥的"抉眼"跟吴王夫差"失明"，不听良言，必至失国有关，其中亦满含"愤懑"之情。而聂政为严仲子刺韩相侠累，得手后，为让人不知自己是谁，竟然"自皮面决眼，自屠出肠"。要人不识，"皮面"（刀割脸皮）即足矣，何须再"抉眼"，是否表示意志之坚？若然，则与高渐离相近。是否表示其震怒，以示情之刚烈？若然则与伍子胥略近。总之，上述诸人的失明可能都与意志、怨恕、刚烈有关，这似乎与司马迁自己受刑后的心理状况颇有关联。

弗洛伊德在《可怕的人》中说："研究梦、幻想与神话可知，失眼的不安与失明的不安常常是阉割焦虑的补偿。神话的犯罪者伊底帕斯用自己的手使自己失明，为的是要用赎罪法来减轻阉割之罚。"（见高桥义孝译《艺术论》，日本教文社，第 274 页）此即弗洛伊德所说的"阉割情意结"。这种理论是否可用在司马迁身上，当然大有问题，聊备一说而已。

不过，司马迁忍辱显名的意图已明显地表现在《史记》中。例如《伍子胥列传》中叙述子胥不死复仇的过程（参阅本书《吴越之战》）之后，说道："怨毒之于人甚矣哉！王者尚不能行之于臣下，况同列乎？向令伍子胥从奢俱死，何异蝼蚁。弃小义，雪大耻，名垂于后世，悲夫！方子胥窘于江上，道乞食，志岂尝须臾忘郢邪？故隐忍就功名，非烈丈夫孰能致此哉？"若将这段话跟《报任少卿书》并读，应可见其意图。

又，《季布栾布列传》中叙述说，季布是项羽部将，常使刘邦受窘。项羽败后，刘邦出千金搜查季布，必欲得之而后快。季布落发，衣粗布衣，投身鲁朱家为奴。后经刘邦宽赦，出任汉郎中，惠帝时为中郎将，进而出任河东守。司马迁对季布的论赞是"季布以勇显于楚……可谓壮士。然至被刑戮，为人奴而不死，何其下也！彼必自负其材，故受辱而不羞，欲有所用其未足也，故终为汉名将。贤者诚重其死"。很明显，这也是司马迁的夫子自道。

司马迁对自己的受辱似乎相当自觉，受辱不死是为了扬名显父母，扬名显父母的方法则为著书垂后世，成不朽之业。以此观之，他似乎已为成名的意志与意念所拘，但在究天人之际，通古今之变时，他的心灵已恢复自由。他从史官的拘束回到了在野史家的身份，可以凭自己的意愿叙述历史，不必受皇帝史官身份的拘束。他是经历过"死亡"的人。他已从人类最不能自由的"死亡"中获得解放，成了永恒之人。自觉是永恒的人、自由的人，就能以自由的眼光凝视受种种不自由束缚的人，成为人类永恒的记录者。所以司马迁何时去世，我们不知道，但他的历史记录却已成了人类永恒的宝藏。

从皇室史官（太史令）变身为在野史家之后，司马迁对自己身蕴其中的天人相关说似乎也表示怀疑了。司马迁说："或曰：'天道无亲，常与善人。'若伯夷、叔齐，可谓善人者非邪？积仁絜行如此而饿死！且七十子之徒，仲尼独荐颜渊为好学。然回也屡空，糟糠不厌，而卒蚤夭。天之报施善人，其何如哉？盗跖日杀不辜，肝人之肉，暴戾恣睢，聚党数千人横行天下，竟以寿终，是遵何德哉？此其尤大彰明较著者也。若至近世，操行不轨，专犯忌讳，而终身逸乐，富厚累世不绝，或择地而蹈之，时然后出言，行不由径，非公正不发愤，而遇祸灾者，不可胜数也。余甚惑焉，傥所谓天道，是邪非邪？"（《伯夷列传》）这不仅是对天道之疑惑，也兼述了自己的遭遇。

在天道与人世的不相配合之下，他认为只有人各从其志，可为则为之，不可为则从吾所好（《伯夷列传》）。日本宫崎市定认为，这正是自由人的表现（见宫崎市定《史記を語る》，岩波新书）。可是，贤人善人如伯夷、叔齐者，若非有人记述，即没而不彰。"伯夷、叔齐虽贤，得夫子而名益彰。颜渊虽笃学，附骥尾而行益显。岩穴之士，趣舍有时若此，类名堙灭而不称，悲乎！闾巷之人，欲砥行立名者，非附青云之士，恶能施于后世哉？"（《伯夷列传》）史家是自由人，却有传述各类人的责任。

司马迁不仅自己要显名于后世，也要他人显名于后世，非"人类的史家"焉能至此！

四

司马迁绍续父业，以"人类史家"的眼光完成了不朽名著《史记》。《史记》原名《太史公书》。

司马迁自叙其撰述的意图与构成说："网罗天下放失旧闻，王迹所兴，原始察终，见盛观衰，论考之行事，略推三代，录秦汉，上记轩辕，下至于兹。著十二《本纪》，既科条之矣。并时异世，年差不明，作十《表》。礼乐损益，律历改易，兵权山川鬼神，天人之际，承敝通变，作八《书》。二十八宿环北辰，三十辐共一毂（gǔ），运行无穷，辅拂股肱之臣配焉，忠信行道，以奉主上，作三十《世家》。扶义俶傥，不令己失时，立功名于天下，作七十《列传》。凡百三十篇，五十二万六千五百字，为《太史公书》。"（《太史公自序》）

由上述引文可知司马迁著述的意图。至于《史记》的结构，《自序》也说明系由"本纪"、"表"、"书"、"世家"、"列传"五部分组成。

所谓"本纪"，有谓："纪者记也，本其事而记之，故曰本纪。"（《史记索隐》）这是事实记录的意思，亦即依据皇室记录写成的帝王历史。有谓"纪，理也，丝缕有纪，而帝王书称纪者，言为后代纲纪也。"（同上）亦即以本纪作为后世的纲纪。又有云："本者，系其本系，故曰本；纪者理也，统理众事，系之年月，名之曰纪。"（《史记正义》）所谓"系其本系，统理众事"，依加地伸行的说法，是指排比受天命的天子位，以统治世界。

总之，所谓"本纪"有两种说法，一是把纪做"记"解，一做"理"解。而司马迁自己则以"科条之"来解释《本纪》的内容，再从《本纪》本文观之，则类似编年体，有《春秋》之意。是则《本纪》以缕述事实为主（即以"记"解），再以事实的条列显示理纪。

十二本纪系以帝王的历史为中心。但在十二本纪中有《秦本纪》、《项羽本纪》和《吕后本纪》，此三纪似与其他本纪专述帝王者有所不同。依《史记》体例，《秦本纪》专述秦始皇以前的秦国历史，似应依同时代魏赵等国之例，归入《世家》，不应列入《本纪》。若如《殷本纪》追溯到契，《周本纪》追溯到后稷，则《秦本纪》似乎可纳入《秦始皇本纪》中，无须另立，因为秦始皇统一中国以前的事迹亦并入《秦始皇本纪》中。宫崎市定认为，这只是为了让读者容易了解秦始皇统一中国的可能性，以免突兀之感，才设定这一篇（参阅宫崎市定《史記を語る》，第21页）。这说法似乎有点牵强。

在《太史公自序》中，司马迁对《春秋》称赞备至。而《本纪》又有仿《春秋》之意（见阮芝生《论〈史记〉五体及"太史公曰"的述与作》，《台大历史系学报》第六期）。由孔子述《春秋》之意似乎可约略窥知司马迁设《秦本纪》之用。《秦本纪》

以前有《五帝本纪》、《夏本纪》、《殷本纪》、《周本纪》。《五帝本纪》的舜接连《夏本纪》的禹；《夏本纪》的"桀"接连《殷本纪》的汤；《殷本纪》的纣接连《周本纪》的周武王。《周本纪》从周武王之后直述至周亡。周赧王五十九年（前256年），周亡于秦，距秦王政（秦始皇）即位约有十年，若将《秦本纪》归入《世家》，这十年即为王位的空白期。故司马迁将《秦本纪》与《周本纪》等同列，一如周继殷，殷继夏之例。司马迁在《周本纪》末尾说："周君、王赧卒，周民遂东亡。秦取九鼎宝器，而迁西周公于惮狐。后七岁，秦庄襄王灭东周，东西周皆入于秦，周既不祀。"显然，司马迁将秦视为周的继承者，使周亡后的十年不致成为王位的空白期。

再者，十二本纪约可分为两个系统。《秦本纪》以前为一系统，除五帝外皆称王。《秦始皇本纪》以后为另一系统，除项羽、吕后之外皆称帝。由此观之，《秦本纪》作为《周本纪》之续是很显然的。

十二本纪中，另有《项羽本纪》与《吕太后本纪》。项羽与吕后归入《本纪》，似乎与《史记》体例不合。盖项羽与吕后均未称帝，而且两者皆属于《秦始皇本纪》以后的系统，未称帝似乎不能列入《本纪》中。可是，从秦亡到刘邦即位为帝之间，亦即从秦子婴被杀的前206年到刘邦即帝位的前202年之间，也是帝位的空白期，《史记》从刘邦被封为汉王的时候起，虽用汉纪年，却称为"汉之元年"，而不称"汉元年"，直到项羽亡后才称

"汉五年"，这是指在这五年间，天下实权操在项羽手上，司马迁说："然（项）羽非有尺寸乘势，起陇亩之中，三年，遂将五诸侯灭秦。分裂天下而封王侯，政由羽出，号为霸王。位虽不终，近古以来未尝有也。"从司马迁这段话推测，项羽是继秦而统有天下，在楚（项羽）灭秦到刘邦即帝位的五年之间，称帝者虽有义帝，但义帝在位一年即被弑，尚留下四年的帝位空白期，若以"成者为王，败者为寇"的观念，抹杀项王，以汉王刘邦来填补这段空白，又名不符实，因为汉王也是霸王所封的。为了名实相符，司马迁遂采变例，立《项羽本纪》，以上继《秦始皇本纪》，下开《高祖本纪》。

吕后之立《本纪》从纪文中也可得到理解。一、女主称制，太史公曰："故惠帝垂拱，高后好主称制。"纪文又于少帝恭即位后说："元年，号令一出太后，太后称制。"吕后称制故能封王诸吕，废立太子。二、元年纪事。吕后于废杀少帝恭后，"立常山王义为帝，更名曰弘。不称元年者，以太后制天下事也。"而于下文纪事时，直书"五年"、"六年"……乃知非但少帝弘不纪元年，前此少帝恭即位之时之元年实吕后之年，非少帝恭之元年。由此观之，吕后与帝王无异，故为之立《本纪》（阮芝生，前揭文）。

本纪之后是十《表》与八《书》。"表"类似今日的年表与系谱。而"书"则可说是文化与社会史，也可说是司马迁思想的表现。《太史公自序》说："礼乐损益，律历改易，兵权山川鬼神，天人之际，承敝通变，作八书。"又说："故礼因人质为之节文，略协古今之变，作《礼书》第一。""作《平准书》以观事变。"这已显示司马迁作八《书》在于表现自己的思想，"是司马迁之作八《书》，其目的在观事变，通古今，究天人，有垂法后王之意。"（阮芝生，前揭文）

日人加地伸行认为，司马迁的八《书》（《礼书》、《乐书》、《律书》、《历书》、《天官书》、《封禅书》、《河渠书》、《平准书》），除《平准书》之外，均有其内在关连。首篇是《礼书》。礼是儒家特有的思想，目的在于陈述道德，道德具体化则为制度，礼的范围极广，上自政治，下迄家庭生活，莫不属之。乐与礼密不可分。所谓"诗书礼乐"，礼与乐并行，故《礼书》之后置《乐书》。礼乐为儒者所熟知，故司马迁进一步论及"乐"的理论。可是，当时礼乐既不可分，乐亦为教化的神圣工具，与艺术性、娱乐性无关，故乐论不只是技术性，亦与道德根源的天有密切关系。司马迁乃列音乐理论的《律书》于《乐书》之后。《律书》述及音阶。中国的音阶有十二律，标准的最低音叫"黄钟"。"黄钟"之音系由长九寸、切口九平方分的竹管吹出。为与此音相对应，律管的体积为八百一十立方分。这是依《太初历》（司马迁曾参与修历之事）朔望月的分母八十一而来。由此观之，律音也有其形而上意义，而与天人合一思想有关。

《律书》与作历的基本常数八十一有关，遂以此一基本常数为基础，展开制历理论，故《律书》之后为《历书》。历是由人制作的，却也是宇宙运行的指针，但须不时经由观测加以修正，由此自然与天文学发生关系。所以在《历书》之后置《天官书》。但当时的天文学与现在的天文学意义不同，是以天人相关说为基础，天文观测的目的在于预测地上的人生活是否幸福，是否平稳。因而顺从天意，不使天怒，乃人主所当为。祭祀乃其表现，故祭天的封禅列于《天官书》之后，为《封禅书》。但是，即使祭天，表示对天服从，有时天仍然会对人的行为表示不满，发怒示警，降灾异。因而治水修渠，避免灾异一降，而不可收拾，遂为人主主要工作之一。《封禅书》之后列《河渠书》，即因此故。

由上观之，《平准书》之外的七《书》与司马迁的"究天人之际"均有密切关系（以上有关七《书》的内在关联均采自加地伸行《史记》一书）。

八《书》之后是《世家》，世家乃记述诸侯的历史，亦即国别史。司马迁说："二十八宿环北辰，三十辐共一毂，运行无穷，辅拂股肱之臣配焉，忠信行道，以奉主上，作三十世家。"二十八宿是依五行说，将天分为东（青龙）、西（白虎）、南（朱雀）、北（玄武）四宫，各宫又分七宿，故有二十八宿。"北辰"是指北极星。"二十八宿环北辰"与《论语·为政》篇"譬如北辰，居其所，而众星拱之"有关，意为二十八宿环绕在不动的北极星四周。二十八宿，其数接近三十，故以老子"三十辐共一毂"配之，因而《世家》有三十篇。文中，北辰和一毂均指人君，而以三十家奉人主，亦即以三十世家配《本纪》。在此值得注意的是，用天文学的观点来配置人主与封建诸侯与人臣的关系。

三十《世家》中列有《孔子世家》和《陈涉世家》。孔子和陈涉皆非诸侯。孔子出任过的鲁国，也配在"世家"中，孔子实无列入"世家"的身份。但司马迁对孔子的评价是"天下君主至于贤人众矣。当时则荣，没则已焉。孔子布衣，传十余世，学者宗之，自天子王侯，中国言六艺者，莫不折中于夫子，可谓至圣矣。"（《孔子世家》）在此，司马迁似有将孔子视为精神王侯之意，若然则列入《世家》亦不为过。至于陈涉（陈胜），亦未受封于人主（秦皇帝），理当不能列入《世家》。但司马迁把他的起兵发难比作汤武革命、孔子作《春秋》，开创未来汉一统的局面（见《太史公自序》），而且做过王。孔子作《春秋》，传之后世，可列为《世家》，而陈涉首难既被比为"孔子作《春秋》"，列为《世家》似无不可。

所谓"二十八宿环北辰"，司马迁本意是否暗示三十《世家》中只有二十八家环绕在人主四周，而孔子和陈涉除外，但孔子和陈涉跟其分二十八家一样，对中国都有莫大影响，故云："三十辐共一毂"；还是只因二十八宿的天文学概念与三十世家在数字上相接近，才用二十八宿来暗示本纪与世家的天文学关系。抑或两者皆有。实不得而知。

《世家》之后是七十《列传》。《列传》是指个人的传记。其中较值得注意的是边裔民族如匈奴、南越、东越、朝鲜、西南夷等皆列入《列传》中。这些边裔民族大都称王，依例应该列入

《世家》。不过,其中亦有为汉所亡者,如南越,依韩信削王为侯,列入《列传》之例,南越自可入《列传》。可是匈奴并未为中国所亡,而且一直称王,自不能因"设备征讨"即列入《列传》。这可能与司马迁受春秋公羊学的影响有关,日本宫崎市定即持此说。

不管司马迁将边裔民族列入《列传》的用意何在,从整个《史记》的认知范畴来说,《史记》所勾画的历史图像可以说是以中国为中心,众星拱月式的世界史图像。

五

最后必须一提的是《史记》改写本的构想。

司马迁的《史记》每篇都有其写作的着力点,例如《高祖本纪》着力点在描写刘邦的"宽仁大度",至于刘邦的非情与猜忌则散见于其他相关之人的传记中。《项羽本纪》着重于描写项羽的豪勇,其缺点也散见他人传记。而且,如前所述,司马迁分《本纪》、《世家》等,均有其用意。如果改写,可能会损及史记的原意。

可是,现在距司马迁已有两千多年,司马迁《本纪》、《世家》、《列传》之分对我们似乎已无太大意义。而且,按一个人的好坏面加以区分,在现代的传记写法上,似乎并无必要。故笔者改写时,大胆地打破了《本纪》、《世家》等分界,重新予以组构。书名既然沿用《史记》,重新组构时,自当尊重司马迁所采用的史实，甚至连"集解"、"正义"、"索隐"等资料也尽量少用，更不无谓地制造高潮，明知"荆轲刺秦王"可创出一些高潮来增加戏剧效果，执笔时也尽量予以避免。又如送兵书给张良的圯下老人，传说中说是"黄石公"，但《史记》里并未明记这老人叫黄石公，只说济北黄石，所以改写本中只说是"老人"，而不称"黄石公"。

构想时，有三点必须考虑：一是此书是给青少年和一般读者观览，并非给专家学者阅读，故下笔须浅白，有故事性。二是字数有限制，《史记》原文有五十多万字，而改写本的字数限定在十五万字以内，故须做重点式的选择。三是《中国历代经典宝库》系列有《左传》与《战国策》，为避免与之重复，割舍了《史记》中春秋战国时代的大部分。

基于这三点考虑，我决定以历史发展为主题，而将重点放在"秦始皇"以后，幸好《史记》精彩部分也大都集中在秦以后。唐人刘知几在《史通·叙事篇》中即指出《史记》的精彩部分集中在秦汉以后。

于是，在上古部分，选取了中国士人理想中的帝王——尧、舜作为叙述的重点。这部分，《史记》引用了许多《尚书》原文，写来势必沉闷，故予省略，而将重点放在尧舜"天下为公"的胸怀上。三代则以周武王伐纣与周公施政为叙述重点。中国人所谓"三代之盛"大抵集中在这一时期。这两部分，《史记》写来比较滞涩，改写本也可能留下此一痕迹。

第三部分是春秋战国时代，本书只取吴越之战，而以伍子胥的刚烈和范蠡的冷静为对比，叙述吴越之战的过程。第四部分是秦汉以后，也是本书的重点，叙述秦帝国的兴亡、项羽与刘邦的争霸，再及于刘邦称帝后三大功臣的叛离以及吕后称制。这部分是《史记》写得最绚烂的部分。第五部分着重在汉武帝时期，目的在显示汉一统世界的稳定与对外的扩张——征伐匈奴之役。

另外，在本书每章前都附小引文，或表明写这一章的用意，或作历史的导引，或做人物性格的粗略分析。同时为了表明本书并非杜撰，都在章后注明出处。如"秦的兴亡"这一章后面标明：《秦始皇本纪》、《吕不韦列传》、《李斯列传》……其意是说，这一章的资料全出自《秦始皇本纪》等，读者如果有兴趣，可去查对原书，当然，在行文时也难免有表露笔者自己意见之处。

改写《史记》时，是以宏业书店的点校本《史记》为蓝本，并参阅田中谦二、一海知义译《史记》、山崎纯一编译《物语史记》、泷川龟太郎著《史记会注考证》等。

篇末《谈司马迁与〈史记〉》则另参阅日人宫崎市定《史记を語る》、加地伸行《史记——司马迁的世界》与阮芝生《论〈史记〉五体及"太史公曰"的述与作》（《意大利史系学报》第六期）。关于史记五体——本纪、表、书、世家、列传——务请参阅阮芝生先生的大作。

附录二：原典精选

一

伍子胥者，楚人也，名员。员父曰伍奢。员兄曰伍尚。其先曰伍举，以直谏事楚庄王，有显，故其后世有名于楚。

楚平王有太子名曰建，使伍奢为太傅，费无忌为少傅。无忌不忠于太子建。平王使无忌为太子取妇于秦，秦女好，无忌驰归报平王曰："秦女绝美，王可自取，而更为太子取妇。"平王遂自取秦女而绝爱幸之，生子轸。更为太子取妇。

无忌既以秦女自媚于平王，因去太子而事平王。恐一旦平王卒而太子立，杀己，乃因谗太子建。建母，蔡女也，无宠于平王。平王稍益疏建，使建守城父，备边兵。

顷之，无忌又日夜言太子短于王曰："太子以秦女之故，不能无怨望，愿王少自备也。自太子居城父，将兵，外交诸侯，且欲入为乱矣。"平王乃召其太傅伍奢考问之。伍奢知无忌谗太子于平王，因曰："王独奈何以谗贼小臣疏骨肉之亲乎？"无忌曰："王今不制，其事成矣。王且见禽。"于是平王怒，囚伍奢，而使城父司马奋扬往杀太子。行未至，奋扬使人先告太子："太子急去，不然将诛。"太子建亡奔宋。

无忌言于平王曰："伍奢有二子，皆贤，不诛且为楚忧。可以其父质而召之，不然且为楚患。"王使使谓伍奢曰："能致汝二子则生，不能则死。"伍奢曰："尚为人仁，呼必来。员为人刚戾忍訽，能成大事，彼见来之并禽，其势必不来。"王不听，使人召二子曰："来，吾生汝父；不来，今杀奢也。"伍尚欲往，员曰："楚之召我兄弟，非欲以生我父也，恐有脱者后生患，故以父为质，诈召二子。二子到，则父子俱死。何益父之死？往而令仇不得报耳。不如奔他国，借力以雪父之耻，俱灭，无为也。"伍尚曰："我知往终不能全父命。然恨父召我以求生而不往，后不能雪耻，终为天下笑耳。"谓员："可去矣！汝能报杀父之仇，我将归死。"尚既就执，使者捕伍胥。伍胥贯弓执矢向使者，使者不敢进，伍胥遂亡。闻太子建之在宋，往从之。奢闻子胥之亡也，曰："楚国君臣且苦兵矣。"伍尚至楚，楚并杀奢与尚也。

伍胥既至宋，宋有华氏之乱，乃与太子建俱奔于郑。郑人甚善之。太子建又适晋，晋顷公曰："太子既善郑，郑信太子。太子能为我内应，而我攻其外，灭郑必矣。灭郑而封太子。"太子乃还郑。事未会，会自私欲杀其从者，从者知其谋，乃告之于郑。郑定公与子产诛杀太子建。建有子名胜。伍胥惧，乃与胜俱奔吴。到昭关，昭关欲执之。伍胥遂与胜独身步走，几不得脱。追者在后。至江，江上有一渔父乘船，知伍胥之急，乃渡伍胥。伍胥既渡，解其剑曰："此剑值百金，以与父。"父曰："楚国之法，得伍胥者赐粟五万石，爵执珪，岂徒百金剑邪！"不受。伍胥未至吴而疾，止中道，乞食。至于吴，吴王僚方用事，公子光为将。伍胥乃因公子光以求见吴王。

久之，楚平王以其边邑钟离与吴边邑卑梁氏俱蚕，两女子争桑相攻，乃大怒，至于两国举兵相伐。吴使公子光伐楚，拔其钟离、居巢而归。伍子胥说吴王僚曰："楚可破也。愿复遣公子光。"公子光谓吴王曰："彼伍胥父兄为戮于楚，而劝王伐楚者，欲以自报其仇耳。伐楚未可破也。"伍胥知公子光有内志，欲杀王而自立，未可说以外事，乃进专诸于公子光，退而与太子建之子胜耕于野。

五年而楚平王卒。初，平王所夺太子建秦女生子轸，及平王卒，轸竟立为后，是为昭王。吴王僚因楚丧，使二公子将兵往袭楚。楚发兵绝吴兵之后，不得归。吴国内空，而公子光乃令专诸袭刺吴王僚而自立，是为吴王阖庐。阖庐既立，得志，乃召伍员以为行人，而与谋国事。

楚诛其大臣郤宛、伯州犁，伯州犁之孙伯嚭亡奔吴，吴亦以嚭为大夫。前王僚所遣二公子将兵伐楚者，道绝不得归。后闻阖庐弑王僚自立，遂以其兵降楚，楚封之于舒。阖庐立三年，乃兴师与伍胥、伯嚭伐楚，拔舒，遂禽故吴反二将军。因欲至郢，将军孙武曰："民劳，未可，且待之。"乃归。

四年，吴伐楚，取六与灊（qián）。五年，伐越，败之。六年，楚昭王使公子囊瓦将兵伐吴。吴使伍员迎击，大破楚军于豫章，取楚之居巢。

九年，吴王阖庐谓子胥、孙武曰："始子言郢未可入，今果何如？"二子对曰："楚将囊瓦贪，而唐、蔡皆怨之。王必欲大伐之，必先得唐、蔡乃可。"阖庐听之，悉兴师与唐、蔡伐楚，与楚夹汉水而陈。吴王之弟夫概将兵请从，王不听，遂以其属五千人击楚将子常。子常败走，奔郑。于是吴乘胜而前，五战，遂至郢。己卯，楚昭王出奔。庚辰，吴王入郢。

昭王出亡，入云梦；盗击王，王走郧（yún）。郧公弟怀曰："平王杀我父，我杀其子，不亦可乎！"郧公恐其弟杀王，与王奔随。吴兵围随，谓随人曰："周之子孙在汉川者，楚尽灭之。"随人欲杀王，王子綦（qí）匿王，己自为王以当之。随人卜与王于吴，不吉，乃谢吴不与王。

始伍员与申包胥为交，员之亡也，谓包胥曰："我必覆楚。"包胥曰："我必存之。"及吴兵入郢，伍子胥求昭王，既不得，乃掘楚平王墓，出其尸，鞭之三百，然后已。申包胥亡于山中，使人谓子胥曰："子之报仇，其以甚乎！吾闻之，人众者胜天，天定亦能破人。今子故平王之臣，亲北面而事之，今至于僇死人，此岂其无天道之极乎！"伍子胥曰："为我谢申包胥曰，吾日莫途远，吾故倒行而逆施之。"于是申包胥走秦告急，求救于秦。秦不许。包胥立于秦廷，昼夜哭，七日七夜不绝其声。秦哀公怜之，曰："楚虽无道，有臣若是，可无存乎！"乃遣车五百乘救楚击吴。六月，败吴兵于稷。会吴王久留楚求昭王，而阖庐弟夫概乃亡归，自立为王。阖庐闻之，乃释楚而归，击其弟夫概。夫概败走，遂奔楚，楚昭王见吴有内乱，乃复入郢。封夫概于堂溪，为堂溪氏。楚复与吴战，败吴，吴王乃归。

后二岁，阖庐使太子夫差将兵伐楚，取番。楚惧吴复大来，乃去郢，徙于鄀。当是时，吴以伍子胥、孙武之谋，西破强楚，北威齐晋，南服越人。

后五年，伐越。越王勾践迎击，败吴于姑苏，伤阖庐指，军却。阖庐病创将死，谓太子夫差曰："尔忘勾践杀尔父乎？"夫差对曰："不敢忘。"是夕，阖庐死。夫差既立为王，以伯嚭为太宰，习战射。二年后伐越，败越于夫湫。越王勾践乃以余兵五千人栖于会稽之上，使大夫种厚币遗吴太宰嚭以请和，求委国为臣妾。吴王将设之。伍子胥谏曰："越王为人能辛苦。今王不灭，后必悔之。"吴王不听，用太宰嚭计，与越平。

其后五年，而吴王闻齐景公死而大臣争宠，新君弱，乃兴师北伐齐。伍子胥谏曰："勾践食不重味，吊死问疾，且欲有所用之也。此人不死，必为吴患。今吴之有越，犹人之有腹心疾也。而王不先越而乃务齐，不亦谬乎！"吴王不听，伐齐，大败齐师于艾陵，遂威邹鲁之君以归。益疏子胥之谋。

其后四年，吴王将北伐齐，越王勾践用子贡之谋，乃率其众以助吴，而重宝以献遗太宰嚭。太宰嚭既数受越赂，其爱信越殊甚，日夜为言于吴王。吴王信用嚭之计。伍子胥谏曰："夫越，腹心之病，今信其浮辞诈伪而贪齐。破齐，譬犹石田，无所用之。且《盘庚之诰》曰：'有颠越不恭，劓（yì）殄灭之，俾无遗育，无使易种于兹邑。'此商之所以兴。愿王释齐而先越；若不然，后将悔之无及。"而吴王不听，使子胥于齐。子胥临行，谓其子曰:"吾数谏王,王不用,吾今见吴之亡矣,汝与吴俱亡,无益也。"乃属其子于齐鲍牧,而还报吴。

吴太宰嚭既与子胥有隙,因谗曰:"子胥为人刚暴,少恩,猜贼,其怨望恐为深祸也。前日王欲伐齐,子胥以为不可,王卒伐之而有大功。子胥耻其计谋不用,乃反怨望。而今王又复伐齐,子胥专愎强谏,沮毁用事,徒幸吴之败以自胜其计谋耳。今王自行,悉国中武力以伐齐,而子胥谏不用,因辍谢,详病不行。王不可不备,此起祸不难。且嚭使人微伺之,其使于齐也,乃属其子于齐之鲍氏。夫为人臣,内不得意,外倚诸侯,自以为先王之谋臣,今不见用,常鞅鞅怨望。愿王早图之。"吴王曰:"微子之言,吾亦疑之。"乃使使赐伍子胥属镂之剑,曰:"子以此死。"伍子胥仰天叹曰:"嗟乎!谗臣嚭为乱矣,王乃反诛我。我令若父霸。自若未立时,诸公子争立,我以死争之于先王,几不得立。若既得立,欲分吴国予我,我顾不敢望也。然今若听谀臣言以杀长者。"乃告其舍人曰:"必树吾墓上以梓,令可以为器;而抉吾眼县吴东门之上,以观越寇之入灭吴也。"乃自刭死。吴王闻之大怒,乃取子胥尸盛以鸱夷革,浮之江中。吴人怜之,为立祠于江上,因命曰胥山。

吴王既诛伍子胥,遂伐齐。齐鲍氏杀其君悼公而立阳生。吴王欲讨其贼,不胜而去。其后二年,吴王召鲁卫之君会之橐皋。其明年,因北大会诸侯于黄池,以令周室。越王勾践袭杀吴太子,破吴兵。吴王闻之,乃归,使使厚币与越平。后九年,越王勾践遂灭吴，杀王夫差；而诛太宰嚭，以不忠于其君，而外受重赂，与己比周也。

——录自《伍子胥列传》

二

魏有隐士曰侯嬴，年七十，家贫，为大梁夷门监者。公子（信陵君）闻之，往请，欲厚遗之，不肯受，曰："臣修身絜行数十年，终不以监门困故而受公子财。"公子于是乃置酒大会宾客。坐定，公子从车骑，虚左，自迎夷门侯生。侯生摄敝衣冠，直上载公子上坐，不让，欲以观公子。公子执辔（pèi）愈恭。侯生又谓公子曰："臣有客在市屠中，愿枉车骑过之。"公子引车入市，侯生下见其客朱亥，俾倪故久立，与其客语，微察公子。公子颜色愈和。当是时，魏将相宗室宾客满堂，待公子举酒。市人皆观公子执辔。从骑皆窃骂侯生。侯生视公子色终不变，乃谢客就车。至家，公子引侯生坐上坐，遍赞宾客，宾客皆惊。酒酣，公子起，为寿侯生前。侯生因谓公子曰："今日嬴之为公子亦足矣。嬴乃夷门抱关者也，而公子亲枉车骑，自迎嬴于众人广坐之中，不宜有所过，今公子故过之。然嬴欲就公子之名，故久立公子车骑市中，过客以观公子，公子愈恭。市人皆以嬴为小人，而以公子为长者能下士也。"于是罢酒，侯生遂为上客。

侯生谓公子曰："臣所过屠者朱亥，此子贤者，世莫能知，故隐屠间耳。"公子往数请之，朱亥故不复谢，公子怪之。

魏安釐（xī）王二十年，秦昭王已破赵长平军，又进兵围邯郸。公子姊为赵惠文王弟平原君夫人，数遗魏王及公子书，请救于魏。魏王使将军晋鄙将十万众救赵。秦王使使者告魏王曰："吾攻赵旦暮且下，而诸侯敢救者，已拔赵，必移兵先击之。"魏王恐，使人止晋鄙，留军壁邺，名为救赵，实持两端以观望。平原君使者冠盖相属于魏，让魏公子曰："胜所以自附为婚姻者，以公子之高义，为能急人之困。今邯郸旦暮降秦而魏救不至，安在公子能急人之困也！且公子纵轻胜，弃之降秦，独不怜公子姊邪？"公子患之，数请魏王，及宾客辩士说王万端。魏王畏秦，终不听公子。公子自度终不能得之于王，计不独生而令赵亡，乃请宾客，约车骑百余乘，欲以客往赴秦军，与赵俱死。

行过夷门，见侯生，具告所以欲死秦军状。辞决而行，侯生曰："公子勉之矣，老臣不能从。"公子行数里，心不快，曰："吾所以待侯生者备矣，天下莫不闻，今吾且死而侯生曾无一言半辞送我，我岂有所失哉？"复引车还，问侯生。侯生笑曰："臣固知公子之还也。"曰："公子喜士，名闻天下。今有难，无他端而欲赴秦军，譬若以肉投馁虎，何功之有哉？尚安事客？然公子遇臣厚，公子往而臣不送，以是知公子恨之复返也。"公子再拜，因问。侯生乃屏人闲语，曰："嬴闻晋鄙之兵符常在王卧内，而如姬最幸，出入王卧内，力能窃之。嬴闻如姬父为人所杀，如姬资之三年，自王以下欲求报其父仇，莫能得。如姬为公子泣，公子使客斩其仇头，敬进如姬。如姬之欲为公子死，无所辞，顾未有路耳。公子诚一开口请如姬，如姬必许诺，则得虎符夺晋鄙军，北救赵而西却秦，此五霸之伐也。"公子从其计，请如姬。如姬果盗晋鄙兵符与公子。

公子行，侯生曰："将在外，主令有所不受，以便国家。公子即合符，而晋鄙不授公子兵而复请之，事必危矣。臣客屠者朱亥可与俱，此人力士。晋鄙听，大善；不听，可使击之。"于是公子泣。侯生曰："公子畏死邪？何泣也？"公子曰："晋鄙嚄唶（huò zé）宿将，往恐不听，必当杀之，是以泣耳，岂畏死哉？"于是公子请朱亥。朱亥笑曰："臣乃市井鼓刀屠者，而公子亲数存之，所以不报谢者，以为小礼无所用。今公子有急，此乃臣效命之秋也。"遂与公子俱。公子过谢侯生。侯生曰："臣宜从，老不能。请数公子行日，以行晋鄙军之日，北乡自刭，以送公子。"公子遂行。

——录自《魏公子列传》

三

是时，汉兵盛食多，项王（项羽）兵罢食绝。汉遣陆贾说项王，请太公，项王弗听。汉王（刘邦）复使侯公往说项王，项王乃与汉约，中分天下，割鸿沟以西者为汉，鸿沟而东者为楚。项王许之，即归汉王父母妻子。军皆呼万岁。汉王乃封侯公为平国君。匿弗肯复见。曰："此天下辩士，所居倾国，故号为平国君。"项王已约，乃引兵解而东归。

汉欲西归，张良、陈平说曰："汉有天下太半，而诸侯皆附之。楚兵罢食尽，此天亡楚之时也，不如因其机而遂取之。今释弗击，此所谓'养虎自遗患'也。"汉王听之。汉五年，汉王乃追项王至阳夏南，止军，与淮阴侯韩信、建成侯彭越期会而击楚军。至固陵，而信、越之兵不会。楚击汉军，大破之。汉王复入壁，深堑而自守。谓张子房曰："诸侯不从约，为之奈何？"对曰："楚兵且破，信、越未有分地，其不至固宜。君王能与共分天下，今可立致也。即不能，事未可知也。君王能自陈以东傅海，尽与韩信；睢阳以北至谷城，以与彭越：使各自为战，则楚易败也。"汉王曰："善。"于是乃发使者告韩信、彭越曰："并力击楚。楚破，自陈以东傅海与齐王，睢阳以北至谷城与彭相国。"使者至，韩信、彭越皆报曰："请今进兵。"韩信乃从齐往，刘贾军从寿春并行，屠城父，至垓下。大司马周殷叛楚，以舒屠六，举九江兵，随刘贾、彭越皆会垓下，诣项王。

项王军壁垓下，兵少食尽，汉军及诸侯兵围之数重。夜闻汉军四面皆楚歌，项王乃大惊曰："汉皆已得楚乎？是何楚人之多也！"项王则夜起，饮帐中。有美人名虞，常幸从；骏马名骓，常骑之。于是项王乃悲歌慷慨，自为诗曰："力拔山兮气盖世，时不利兮骓不逝。骓不逝兮可奈何，虞兮虞兮奈若何！"歌数阕，美人和之。项王泣数行下，左右皆泣，莫能仰视。

于是项王乃上马骑，麾下壮士骑从者八百余人，直夜溃围南出，驰走。平明，汉军乃觉之，令骑将灌婴以五千骑追之。项王渡淮，骑能属者百余人耳。项王至阴陵，迷失道，问一田父，田父绐曰"左"。左，乃陷大泽中。以故汉追及之。项王乃复引兵而东，至东城，乃有二十八骑。汉骑追者数千人。项王自度不得脱。谓其骑曰："吾起兵至今八岁矣，身七十余战，所当者破，所击者服，未尝败北，遂霸有天下。然今卒困于此，此天之亡我，非战之罪也。今日固决死，愿为诸君快战，必三胜之，为诸君溃围，斩将，刈旗，令诸君知天亡我，非战之罪也。"乃分其骑以为四队，四向。汉军围之数重。项王谓其骑曰："吾为公取彼一将。"令四面骑驰下，期山东为三处。于是项王大呼驰下，汉军皆披靡，遂斩汉一将。是时，赤泉侯为骑将，追项王，项王瞋目而叱之，赤泉侯人马俱惊，辟易数里。与其骑会为三处。汉军不知项王所在，乃分军为三，复围之。项王乃驰，复斩汉一都尉，杀数十百人，复聚其骑，亡其两骑耳。乃谓其骑曰："何如？"骑皆伏曰："如大王言。"

于是项王乃欲东渡乌江。乌江亭长舣船待，谓项王曰："江东虽小，地方千里，众数十万人，亦足王也。愿大王急渡。今独臣有船，汉军至，无以渡。"项王笑曰："天之亡我，我何渡为！且籍与江东子弟八千人渡江而西，今无一人还，纵江东父兄怜而王我，我何面目见之？纵彼不言，籍独不愧于心乎？"乃谓亭长曰："吾知公长者。吾骑此马五岁，所当无敌，尝一日行千里，不忍杀之，以赐公。"乃令骑皆下马步行，持短兵接战。独籍所杀汉军数百人。项王身亦被十余创。顾见汉骑司马吕马童，曰："若非吾故人乎？”马童面之，指王翳曰：“此项王也。”项王乃曰：“吾闻汉购我头千金，邑万户，吾为若德。”乃自刎而死。王翳取其头，余骑相蹂践争项王，相杀者数十人。最其后，郎中骑杨喜，骑司马吕马童，郎中吕胜、杨武各得其一体。五人共会其体，皆是。故分其地为五：封吕马童为中水侯，封王翳为杜衍侯，封杨喜为赤泉侯，封杨武为吴防侯，封吕胜为涅阳侯。

项王已死，楚地皆降汉，独鲁不下。汉乃引天下兵欲屠之，为其守礼义，为主死节，乃持项王头视鲁，鲁父兄乃降。始，楚怀王初封项籍为鲁公，及其死，鲁最后下，故以鲁公礼葬项王谷城。汉王为发哀，泣之而去。

太史公曰：吾闻之周生曰“舜目盖重瞳子”，又闻项羽亦重瞳子。羽岂其苗裔邪？何兴之暴也！夫秦失其政，陈涉首难，豪杰蜂起，相与并争，不可胜数。然羽非有尺寸乘执，起陇亩之中，三年，遂将五诸侯灭秦，分裂天下，而封王侯，政由羽出，号为“霸王”，位虽不终，近古以来未尝有也。及羽背关怀楚，放逐义帝而自立，怨王侯叛己，难矣。自矜功伐，奋其私智而不师古，谓霸王之业，欲以力征经营天下，五年卒亡其国，身死东城，尚不觉寤而不自责，过矣。乃引“天亡我，非用兵之罪也”，岂不谬哉！

——录自《项羽本纪》

四

汉四年，遂皆降平齐。（韩信）使人言汉王曰："齐伪诈多变，反复之国也，南边楚，不为假王以镇之，其势不定。愿为假王便。"当是时，楚方急围汉王于荥阳，韩信使者至，发书，汉王大怒，骂曰："吾困于此，旦暮望若来佐我，乃欲自立为王！"张良、陈平蹑汉王足，因附耳语曰："汉方不利，宁能禁信之王乎？不如因而立，善遇之，使自为守。不然，变生。"汉王亦悟，因复骂曰："大丈夫定诸侯，即为真王耳，何以假为！"乃遣张良往立信为齐王，征其兵击楚。

楚已亡龙且，项王恐，使盱眙人武涉往说齐王信曰："天下共苦秦久矣，相与勠力击秦。秦已破，计功割地，分土而王之，以休士卒。今汉王复兴兵而东，侵人之分，夺人之地，已破三秦，引兵出关，收诸侯之兵以东击楚，其意非尽吞天下者不休，其不知厌足如是甚也。且汉王不可必，身居项王掌握中数矣，项王怜而活之，然得脱，辄倍约，复击项王，其不可亲信如此。今足下虽自以与汉王为厚交，为之尽力用兵，终为之所擒矣。足下所以得须臾至今者，以项王尚存也。当今二王之事，权在足下。足下右投则汉王胜，左投则项王胜。项王今日亡，则次取足下。足下与项王有故，何不反汉与楚联和，参分天下王之？今释此时，而自必于汉以击楚，且为智者固若此乎！"韩信谢曰："臣事项王，官不过郎中，位不过执戟，言不听，画不用，故倍楚而归汉。汉

273

王授我上将军印，予我数万众，解衣衣我，推食食我，言听计用，故吾得以至于此。夫人深亲信我，我倍之不祥，虽死不易。幸为信谢项王！"

武涉已去，齐人蒯通知天下权在韩信，欲为奇策而感动之，以相人说韩信曰："仆尝受相人之术。"韩信曰："先生相人何如？"对曰："贵贱在于骨法，忧喜在于容色，成败在于决断，以此参之，万不失一。"韩信曰："善。先生相寡人何如？"对曰："愿少闲。"信曰："左右去矣。"通曰："相君之面，不过封侯，又危不安。相君之背，贵乃不可言。"韩信曰："何谓也？"蒯通曰："天下初发难也，俊雄豪杰建号壹呼，天下之士云合雾集，鱼鳞杂还，熛（biāo）至风起。当此之时，忧在亡秦而已。今楚汉分争，使天下无罪之人肝胆涂地，父子暴骸骨于中野，不可胜数。楚人起彭城，转斗逐北，至于荥阳，乘利席卷，威震天下。然兵困于京、索之间，迫西山而不能进者，三年于此矣。汉王将数十万之众，距巩、洛，阻山河之险，一日数战，无尺寸之功，折北不救，败荥阳，伤成皋，遂走宛、叶之间，此所谓智勇俱困者也。夫锐气挫于险塞，而粮食竭于内府，百姓疲极怨望，容容无所倚。以臣料之，其势非天下之贤圣固不能息天下之祸。当今两主之命县于足下。足下为汉则汉胜，与楚则楚胜。臣愿披腹心，输肝胆，效愚计，恐足下不能用也。诚能听臣之计，莫若两利而俱存之，参分天下，鼎足而居，其势莫敢先动。夫以足下之贤圣，有甲兵之众，据强齐，从燕、赵，出空虚之地而制其后，因民之欲，西乡为百姓请命，则天下风走而响应矣，孰敢不听！割大弱强，以立诸侯，诸侯已立，天下服听而归德于齐。案齐之故，有胶、泗之地，怀诸侯以德，深拱揖让，则天下之君王相率而朝于齐矣。盖闻天与弗取，反受其咎；时至不行，反受其殃。愿足下孰虑之。"

韩信曰："汉王遇我甚厚，载我以其车，衣我以其衣。食我以其食。吾闻之，乘人之车者载人之患，衣人之衣者怀人之忧，食人之食者死人之事，吾岂可以乡利倍义乎！"蒯生曰："足下自以为善汉王，欲建万世之业，臣窃以为误矣。始常山王、成安君为布衣时，相与为刎颈之交，后争张黡、陈泽之事，二人相怨。常山王背项王，奉项婴头而窜，逃归于汉王。汉王借兵而东下，杀成安君泜水之南，头足异处，卒为天下笑。此二人相与，天下至欢也。然而卒相禽者，何也？患生于多欲而人心难测也。今足下欲行忠信以交于汉王，必不能固于二君之相与也，而事多大于张黡、陈泽。故臣以为足下必汉王之不危己，亦误矣。大夫种、范蠡存亡越，霸勾践，立功成名而身死亡。野兽已尽而猎狗亨。夫以交友言之，则不如张耳之与成安君者也；以忠信言之，则不过大夫种、范蠡之于勾践。此二人者，足以观矣。愿足下深虑之。且臣闻勇略震主者身危，而功盖天下者不赏。臣请言大王功略：足下涉西河，虏魏王，禽夏说，引兵下井陉，诛成安君，徇赵，胁燕，定齐，南摧楚人之兵二十万，东杀龙且，西乡以报，此所谓功无二于天下，而略不世出者也。今足下戴震主之威，挟不赏之功，归楚，楚人不信；归汉，汉人震恐：足下欲持是安归乎？

夫势在人臣之位而有震主之威，名高天下，窃为足下危之。"韩信谢曰："先生且休矣，吾将念之。"

后数日，蒯通复说曰："夫听者事之候也，计者事之机也，听过计失而能久安者，鲜矣。听不失一二者，不可乱以言；计不失本末者，不可纷以辞。夫随厮养之役者，失万乘之权；守儋石之禄者，阙卿相之位。故知者决之断也，疑者事之害也，审豪氂（lí）之小计，遗天下之大数，智诚知之，决弗敢行者，百事之祸也。故曰'猛虎之犹豫，不若蜂虿（chài）之致螫；骐骥之局躅，不如驽马之安步；孟贲之狐疑，不如庸夫之必至也；虽有舜禹之智，吟而不言，不如喑聋之指麾也'。此言贵能行之。夫功者难成而易败，时者难得而易失也。时乎时，不再来。愿足下详察之。"韩信犹豫不忍倍汉，又自以为功多，汉终不夺我齐，遂谢蒯通。蒯通说不听，已详狂为巫。

太史公曰：吾如淮阴，淮阴人为余言，韩信虽为布衣时，其志与众异。其母死，贫无以葬，然乃行营高敞地，令其旁可置万家。余视其母家，良然。假令韩信学道谦让，不伐己功，不矜其能，则庶几哉，于汉家勋可以比周、召、太公之徒，后世血食矣。不务出此，而天下已集，乃谋畔逆，夷灭宗族，不亦宜乎！

——录自《淮阴侯列传》

五

匈奴大入上郡，天子（汉景帝）使中贵人从（李）广勒习兵击匈奴。中贵人将骑数十纵，见匈奴三人，与战。三人还射，伤中贵人，杀其骑且尽。中贵人走广。广曰："是必射雕者也。"广乃遂从百骑往驰三人。三人亡马步行，行数十里。广令其骑张左右翼，而广身自射彼三人者，杀其二人，生得一人，果匈奴射雕者也。已缚之上马，望匈奴有数千骑，见广，以为诱骑，皆惊，上山陈。广之百骑皆大恐，欲驰还走。广曰："吾去大军数十里，今如此以百骑走，匈奴追射我立尽。今我留，匈奴必以我为大军（之）诱，必不敢击我。"广令诸骑曰："前！"前未到匈奴陈二里所，止，令曰："皆下马解鞍！"其骑曰："虏多且近，即有急，奈何？"广曰："彼虏以我为走，今皆解鞍以示不走，用坚其意。"于是胡骑遂不敢击。有白马将出护其兵，李广上马与十余骑奔射杀胡白马将，而复还至其骑中，解鞍，令士皆纵马卧，是时会暮。胡兵终怪之，不敢击。夜半时，胡兵亦以为汉有伏军于旁欲夜取之，胡皆引兵而去。平旦，李广乃归其大军。大军不知广所之，故弗从。

后（武帝时）汉以马邑城诱单于，使大军伏马邑旁谷，而广为骁骑将军，领属护军将军。是时单于觉之，去，汉军皆无功。其后四岁，广以卫尉为将军，出雁门击匈奴。匈奴兵多，破败广军，生得广。单于素闻广贤，令曰："得李广必生致之。"胡骑得广，广时伤病，置广两马间，络而盛卧广。行十余里，广详死，睨其旁有一胡儿骑善马，广暂腾而上胡儿马，因推堕儿，取其弓，鞭马南驰数十里，复得其余军，因引而入塞。匈奴捕者骑数百追之，广行取胡儿弓，射杀追骑，以故得脱。于是至汉，汉下广吏。吏当广所失亡多，为虏所生得，当斩，赎为庶人。

顷之，家居数岁。广家与故颍阴侯孙屏野居蓝田南山中射猎。尝夜从一骑出，从人田间饮。还至灞陵亭，灞陵尉醉，呵止广。广骑曰："故李将军。"尉曰："今将军尚不得夜行，何乃故也！"止广宿亭下。居无何，匈奴入杀辽西太守，败韩将军，后韩将军徙右北平。于是天子乃召拜广为右北平太守。广即请灞陵尉与俱，至军而斩之。

广居右北平，匈奴闻之，号曰"汉之飞将军"，避之数岁，不敢入右北平。

广出猎，见草中石，以为虎而射之，中石没镞，视之石也。因复更射之，终不能复入石矣。广所居郡闻有虎，尝自射之。及居右北平射虎，虎腾伤广，广亦竟射杀之。

广廉，得赏赐辄分其麾下，饮食与士共之。终广之身，为二千石四十余年，家无余财，终不言家产事。广为人长，猨臂，其善射亦天性也，虽其子孙他人学者，莫能及广。广讷口少言，与人居则画地为军陈，射阔狭以饮。专以射为戏，竟死。广之将兵，乏绝之处，见水，士卒不尽饮，广不近水，士卒不尽食，广不尝食。宽缓不苛，士以此爱乐为用。其射，见敌急，非在数十步之内，度不中不发，发即应弦而倒。用此，其将兵数困辱，其射猛兽亦为所伤云。

居顷之，石建卒，于是上召广代建为郎中令。元朔六年，广复为后将军，从大将军（卫青）军出定襄，击匈奴。诸将多中首虏率，以功为侯者，而广军无功。后二岁，广以郎中令将四千骑出右北平，博望侯张骞将万骑与广俱，异道。行可数百里，匈奴左贤王将四万骑围广，广军士皆恐，广乃使其子敢往驰之。敢独与数十骑驰，直贯胡骑，出其左右而还，告广曰："胡虏易与耳。"军士乃安。广为圜陈外向，胡急击之，矢下如雨。汉兵死者过半，汉矢且尽。广乃令士持满毋发，而广身自以大黄射其裨将，杀数人，胡虏益解。会日暮，吏士皆无人色，而广意气自如，益治军。军中自是服其勇也。明日，复力战，而博望侯军亦至，匈奴军乃解去。汉军罢，弗能追。是时广军几没，罢归。汉法，博望侯留迟后期，当死，赎为庶人。广军功自如，无赏。

后二岁，大将军、骠骑将军（霍去病）大出击匈奴，广数自请行。天子以为老，弗许；良久乃许之，以为前将军。是岁，元狩四年也。

广既从大将军青击匈奴，既出塞，青捕虏知单于所居，乃自以精兵走之，而令广并于右将军军，出东道。东道少回远，而大军行水草少，其势不屯行。广自请曰："臣部为前将军，今大将军乃徙令臣出东道，且臣结发而与匈奴战，今乃一得当单于，臣愿居前，先死单于。"大将军青亦阴受上诫，以为李广老，数奇，毋令当单于，恐不得所欲。而是时公孙敖新失侯，为中将军从大将军，大将军亦欲使敖与俱当单于。故徙前将军广。广时知之，固自辞于大将军。大将军不听，令长史封书与广之莫府，曰："急诣部，如书。"广不谢大将军而起行，意甚愠怒而就部，引兵与右将军食其合军出东道。军亡导，或失道，后大将军。大将军与单于接战，单于遁走，弗能得而还。南绝幕，遇前将军、右将军。广已见大将军，还入军。大将军使长史持糒（bèi）醪遗广，因问广、食其失道状，青欲上书报天子军曲折。广未对，大将军使长史急责广之幕府对簿。广曰："诸校尉无罪，乃我自失道。吾今自上簿。"

至莫府，广谓其麾下曰："广结发与匈奴大小七十余战，今幸从大将军出接单于兵，而大将军又徙广部行回远，而又迷失道，岂非天哉！且广年六十余矣，终不能复对刀笔之吏。"遂引刀自刭。广军士大夫一军皆哭。百姓闻之，知与不知，无老壮皆为垂涕。而右将军独下吏，当死，赎为庶人。

太史公曰：传曰"其身正，不令而行；其身不正，虽令不从"。其李将军之谓也？余睹李将军悛悛如鄙人，口不能道辞。及死之日，天下知与不知，皆为尽哀。彼其忠实心诚信于士大夫也？谚曰"桃李不言，下自成蹊"。此言虽小，可以谕大也。

——录自《李将军列传》